ET LE SINGE DEVINT DIEU !

Il a été tiré de cet ouvrage 300 exemplaires sur :
- papier 300 gr couché mat pelliculé (couverture)
- papier 80 gr bouffant (intérieur)
Ces exemplaires sont numérotés de
001 à 300
en avant-dernière page intérieure.
Ils constituent l'édition originale
de cet ouvrage.

ET LE SINGE DEVINT DIEU !

PASCAL
BLONDIAUX

ÉCLATS

JACQUES FLAMENT ÉDITIONS

CHRYSALIDES

Pour Marion
Pour Martin
Pour Benjamin

… ma Sainte Trinité personnelle.

ISBN : 978-2-36336-010-6
Dépôt légal : 1er trimestre 2011

Chemin du Krinnoc, 29560 TELGRUC/SUR/MER
www.jacquesflament-editions.com

Les vieillards meurent en pleine jeunesse
Et les grands-pères
ne sont que des enfants déguisés.

AVROM SÜTZKEVER

J'ai un projet : devenir fou.

CHARLES BUKOWSKI

MEA CULPA

Elle a pété les plombs en descendant du train.

Viviane elle s'appelle. Je l'emmène au cinéma. Elle est brune, elle est jolie. J'suis un peu amoureux d'elle.

Comme elle allait pas très bien, je lui avais téléphoné hier. J'avais demandé :

— Tu veux aller au cinéma ?

Elle avait dit :

— Oui, je veux bien.

Mon cœur s'était mis à battre un peu plus vite...

Alors, on avait pris le train pour Enghien.

J'aime pas cette ville. C'est une ville de marchands. Avec des boutiques de fringues, des agences immobilières, des cafés où le personnel est pas sympa. Y a un casino aussi.

L'autre soir, ils m'avaient viré du café. J'avais commandé un café. Le serveur m'avait dit :

— Ici vous êtes à Enghien, Monsieur. On ne sert pas de café après 19 h 30.

— J'ai pas assez d'argent pour autre chose, j'avais répondu.

— Alors, je vous demanderai de bien vouloir sortir et de laisser la place à d'autres consommateurs.

— Va te faire mettre ! j'avais rétorqué.

Deux autres mecs étaient arrivés, et ils m'avaient jeté sur le trottoir.

— Enculés ! j'avais crié.

Les indigènes passaient en s'écartant de moi, comme si j'étais une crotte de chien. En fait, dans des moments comme ça, on est vraiment une crotte de chien. Depuis j'ai la haine des bourges. J'ai du mal à admettre qu'ils ont été créés, comme moi, à l'image de Dieu. Mais c'est une autre histoire.

Bref, j'aime pas Enghien. Mais y a des cinémas. Alors Viviane avait dit :

— On va à Enghien ?

Et j'avais répondu :

— Oui, si tu veux. On va à Enghien.

C'est peut-être l'atmosphère de la ville qui a tout déclenché ! Va savoir. En descendant du train, elle se met à trembler. Puis elle crie :

— J'ai peur Simon ! j'ai peur…

Puis :

— J'veux rentrer ! J'veux rentrer tout de suite…

Elle est en panique. Elle traverse la rue en hurlant qu'elle a peur.

— Peur de quoi ? je dis.

— J'ai peur !… ramène-moi chez moi !

— On va rentrer… Calme-toi… Calme-toi…

Un type sort d'un café. Il est pas encore 19 h 30, mais il a bu autre chose que du café. Il a des tatouages sur les bras et une queue-de-cheval. Il a la peau grasse aussi…

— J'peux vous aider ? »

On monte dans sa caisse.

— On va où ? il demande.

J'donne l'adresse. Il démarre sur les chapeaux de roues, et il s'engage dans une rue en sens interdit. Devant, les bagnoles nous évitent en klaxonnant furieusement.

— Vos gueules ! il leur balance.

Puis, vers nous :

— On va pas faire un détour pour 200 mètres…

C'est mon tour d'être en panique. On passe devant l'hôpital.

Je dis :

— Arrêtez-vous là !

— Vous êtes sûr ? il demande.

– Ouais ! j'réponds.

On descend.

— Merci ! je dis.

Viviane crie plus, mais elle tremble de partout. Moi, j'tremble aussi. Des jambes surtout.

On entre dans l'hosto et on s'pointe aux urgences. Viviane se remet à crier. Ils viennent la chercher tout de suite.

— Vous êtes de la famille ? on me dit.

— Non, j'réponds.

— Alors attendez là !

J'attends pendant deux heures. Environ. Une infirmière veut bien m'conduire jusqu'à la porte derrière laquelle se trouve Viviane. J'entends ses pleurs, et ses cris. Y a un banc dans le couloir. Je m'assois, et j'attends encore.

Au bout d'un moment, elle crie à nouveau.

— J'veux voir Simon, j'entends.

J'attends que les blouses blanches viennent me chercher. Elles viennent pas.

Viviane crie à nouveau :

— J'veux voir Simon ! »

Alors j'entre.

Elle est allongée sur un truc laqué, entre un pieu et un brancard à roulettes. Y a deux infirmières et un interne. L'interne est tout petit, avec un gros nez ridicule. On dirait un nabot.

— Qui êtes vous ? il dit.

— J'suis Simon, j'réponds.

— Suivez-moi !…

On entre dans son bureau, juste à côté. Il s'assoit. Y a une chaise devant le bureau. Il me dit pas de m'asseoir. J'reste debout.

— Qu'est-ce qu'elle a ? j'demande.

— Qu'est-ce que tu lui as fait prendre ? demande le nabot.

J'comprends pas.

— Prendre quoi ? j'réponds.

Je demande pas pourquoi il me tutoie. C'est pas important. J'veux juste savoir ce qu'a Viviane.

— Elle a pris de la drogue ? demande le nabot.

— Non, j'réponds. Elle boit même pas !

Viviane appelle une nouvelle fois :

— Simon ?

— Retourne dans le couloir ! dit Gros Nez, et il me montre une porte derrière moi.

Mais Viviane est dans la pièce à côté. Alors je désobéis à Gros Nez, et j'retourne d'abord la voir.

— T'en fais pas, je dis, je suis là. Je reste dans le couloir. Je bouge pas.

— Tu me laisses pas seule ?

— Bien sûr que non, je reste ici.

J'retourne m'asseoir sur le banc, dans le couloir. Ils

referment la porte. Ça m'dit rien de bon !

Une demi heure plus tard : entrée gratuite. Je pénètre illico dans la pièce. Viviane est assise sur le pieu. Elle a beaucoup pleuré. Son mascara a coulé sous ses yeux.

Elle dit :

— Je dois être laide comme çà, mon mascara a coulé !

—Non, je dis.

Elle est pas laide. Elle ressemble à une des actrices du film *Blade Runner*. Celle qui a de grands yeux et dont le maquillage déborde. Elle est très vulgaire et très excitante (l'actrice, pas Viviane). Viviane est pas vulgaire. Et elle est pas laide non plus. Son mascara a coulé, c'est tout !

— Qu'est-ce qu'ils t'ont fait ? j'demande.

— Ils m'ont fait une piqûre pour me calmer. Ils vont me ramener chez moi. On attend l'ambulance.

— Tu veux que je vienne avec toi ?

— Oui, s'il te plaît.

— Ok ! je dis.

Je cherche Gros Nez. J'veux lui demander si j'peux monter dans l'ambulance. On m'dit qu'il est parti.

— Tant pis, je dis.

L'ambulance arrive. Viviane monte à l'arrière. Comme dans un taxi. Le chauffeur m'ouvre la porte côté passager. On part.

— C'est pas le chemin, je dis.

— Hein ? répond le chauffeur.

— C'est pas l'chemin, je dis. Au carrefour, il fallait prendre à droite !

— Vous êtes qui ? dit le chauffeur.

— Un ami de la dame, j'réponds.

— Ah !... Je vous avais pris pour l'interne.

— On va où ? j'demande.

Je sens l'embrouille arriver.

— À l'HP, répond l'ambulancier.

— C'est quoi l'HP ? demande Viviane.

— On m'a dit de vous conduire là-bas.

— Mais c'est pas possible, balbutie Viviane. Le type a l'hosto a dit qu'on me ramenait chez moi. C'est une erreur !

— Hé, je suis pas taxi, répond le chauffeur.

— Je veux rentrer chez moi, crie Viviane.

— Vous verrez ça là-bas, dit le chauffeur.

— T'en fais pas Viviane, je dis. Ça va s'arranger.

Ça s'arrange pas. En arrivant, deux molosses viennent accueillir Viviane. Y a une infirmière avec eux. Viviane crie qu'elle veut rentrer chez elle. L'infirmière lui dit que tout va bien, qu'elle va juste passer une nuit ici, et que demain elle pourra rentrer chez elle. Viviane dit que non. Qu'elle veut passer la nuit chez elle… pas ici ! Le plus costaud des deux molosses aboie. Il lui dit de la fermer et que si elle ne les suit pas, ils lui passeront la camisole. Viviane a peur, et on accepte de les suivre… sans plus rien dire.

On entre dans l'HP. Dans le couloir, y a une flopée de fêlés. Y en a qui crient, et d'autres debout qui bavent sans rien dire. On dirait des zombies. Viviane a peur, elle veut faire demi-tour. L'aboyeur l'attrape par le bras et l'emmène de force.

— Qu'est-ce que c'est que ce cirque, je dis à l'infirmière. Elle a fait une crise de nerfs. On enferme pas les gens pour une crise de nerfs !

— C'est le médecin qui décide, répond l'infirmière.

— Il est où le médecin ? j'demande.

— Là derrière, dans son bureau.

J'attrape Viviane par les épaules :

— Tu vas faire ce qu'ils te disent, je dis. Moi je vais voir le médecin. T'en fais pas, je vais te sortir de là.

J'entre dans le local du toubib, sans frapper. C'est Gros Nez. Il lit un truc assis derrière son bureau. Il sursaute.

— Qu'est-ce que tu fais là, toi ?

— J'aimerais bien le savoir. Pourquoi voulez-vous forcer mon amie à passer une nuit chez les fous ?

— J'ai pas de compte à te rendre. T'es de la famille ?

— Non, j'vous l'ai déjà dit !

— Alors, tu dégages !

Mon poing sur la gueule. J'vais lui foutre mon poing sur la gueule. Tant pis pour la suite. Ce genre de merde ne comprend que les coups. Il va être servi le nabot. J'vais lui arranger son gros nez. J'...

— Simooon !!!

Viviane entre dans le bureau. Elle est hystérique. Elle est pieds nus.

— Ils m'ont piqué mes chaussures, regarde...

Les deux brutes arrivent et l'emmènent de nouveau. Elle hurle, elle pleure, elle supplie... Ils s'en foutent. Même, ça les excite, j'ai l'impression ! Le nabot aussi ça l'excite. Il doit bander. Il ne doit bander que comme ça. En entendant hurler les filles qu'il fait interner.

— Maintenant tu dégages ou j'appelle les flics, il me dit.

— Vous avez prévenu sa famille ?

— Elle est majeure. Sa famille, c'est pas mon problème. Dehors j'ai dit !

— Hé, juste un truc, j'fais comment pour rentrer, moi ? C'est vous qui m'avez amené ici au milieu de nulle part. Faut qu'je téléphone !

— Ce n'est pas mon problème. Il y a un téléphone à pièce dans le couloir. Démerdez-vous !

Je sors dans le couloir. Pour sûr, y a un téléphone à pièces. Mais y a un zombie devant. Il parle tout seul. Je fouille mes poches. J'ai une pièce d'un euro. Un coup de fil possible. Juste un ! J'appelle la famille de Viviane.

La famille de Viviane. L'Italie. L'amour de la famille, la force du verbe, la chaleur du sang... Une demi-heure plus tard, tout le monde débarque dans l'HP. Le père, la mère, le frère, la sœur, la grand-mère, les trois cousins. L'infirmière veut s'interposer, le père l'écarte sans ménagement. Elle atterrit sur un banc destiné aux visiteurs. Et la smala italiana se retrouve au complet dans le bureau de Gros Nez qui menace d'appeler les flics. Le père de Viviane, un bloc avec des avant-bras comme des poteaux l'attrape par le col et le soulève.

— Lâchez-moi, crie Gros Nez, plus nabot que jamais.

Ses pieds battent l'air comme ceux d'un nageur qui tenterait de regagner la surface pour respirer.

—Tou va mé rendre ma fille... T'as compris ? Tou va mé la rendre tout dé suite !...

La mère et la grand-mère ont dégoté la chambre. Les cousins ont récupéré les chaussures. Les deux brutes osent pas bouger, à deux contre une pauvre jeune fille, ils faisaient le poids, au-delà... C'est le big bordel. Pour la plus grande joie des malades...

Au final, Gros Nez fait signer une décharge au père de Viviane, et tout le monde rentre chez soi. Sauf Gros Nez qui est de garde.

Je vais sortir quand le Nabot m'interpelle :

— Eh, toi ?

J'me retourne. J'suis le seul à avoir l'honneur du tutoiement.

— Cette femme deviendra folle, et tu en seras le seul responsable ! Voilà, tu es content maintenant. C'est bien, tu peux être fier de toi !

J'veux me jeter sur lui pour lui péter la gueule à ce fils de pute, mais le frère de Viviane me retient par le bras.

— C'est fini Simon. On rentre. Laisse tomber ce connard.

On rentre. La nuit tombe. J'arrive chez moi complètement vidé. J'me jette tout habillé sur mon lit, mais j'parviens pas à dormir.

Le lendemain, j'vais bosser. J'me sens perdu. Impossible de retrouver la route. Ça fait quatre ans que j'emprunte le même chemin pour me rendre au boulot. Impossible de le retrouver. J'descends de la voiture. J'ai le vertige. Je m'assois sur le trottoir.

— Cette femme deviendra folle, et tu en seras le seul responsable !

J'me prends la tête entre les mains. Et j'me mets à chialer.

J'ai jamais voulu revoir Viviane.

LE TROISIÈME LARRON

« Moi aussi je vous dis : Faites-vous des amis
avec les richesses d'iniquité, afin que,
lorsque vous quitterez la vie, ils vous reçoivent
dans les tabernacles éternels. »

SAINT LUC, *Ch. 16 v. 9*

I

« Croyez-vous, Mon Père, qu'il soit possible de racheter toute une vie de péchés par un seul acte agréable à Dieu ? »

Le père Couffin joint les mains dans une attitude de prière, et les pose sous son menton.

Il a un sourire fatigué :

— On peut racheter sa vie aux yeux des hommes, aux yeux de l'histoire, parfois peut-être… Mais Dieu n'est pas un marchand de tapis à qui l'on puisse racheter quoi que ce soit. Votre âme est à lui, mon fils.

— Dans mon cas particulier, ne serait-elle pas au Diable ?

— Le croyez-vous si fort que cela ?

— Oh oui ! mon Père, je l'ai vu à l'œuvre… et je l'ai tant servi.

Le Père Couffin reste un moment silencieux, comme

si le problème que je lui pose était insoluble. Puis il sourit à nouveau et reprend :

— L'Amour de Dieu est toujours le plus fort. Quoique vous ayez fait, ayez confiance ! Il suffit d'un repentir sincère… Jésus n'a pas demandé au bon larron s'il avait tué ou violé qui que ce soit avant de lui promettre le Royaume. Il a vu un homme qui regrettait, qui demandait pardon. Et cela lui a suffi.

— Alors pardonnez-moi mon Père, parce que j'ai péché… J'ai beaucoup péché… »

II

Quand un type sort d'une agence de voyage avec un billet sans retour pour une île paradisiaque, on peut s'attendre à le voir sourire de toutes ses dents. Quand on sait que ce même type a fait virer une heure auparavant, sur un compte numéroté dans une banque de cette même île, une somme d'argent lui permettant de vivre pendant trois ans comme un prince, on se dit qu'on aimerait sacrément être à sa place.

Trois ans de vacances dans un palace, sous les cocotiers, là où le ciel est toujours bleu et les filles toujours bronzées… Trois ans… quand le toubib m'en donne un à vivre, et encore, avec d'atroces souffrances dans les trois derniers mois. Pour ma part, c'est clair : dans six mois tout au plus, dès que la saloperie qui me ronge se rappellera à moi trop souvent, je me ferai sauter le caisson.

Sortant de l'agence de voyage, je me rends chez le sénateur Dillon, pour lui donner ma démission.

Le sénateur Dillon, c'est un gros fils de pute qui n'a qu'un objectif, et pas n'importe lequel : devenir Président des États-Unis d'Amérique, quel que soit le prix à payer, et quelle que soit la montagne de cadavres nécessaires à son ambition. Je suis son chef de la sécurité, l'homme des basses œuvres.

Si vous saviez mon Père comme le monde est peuplé d'enfoirés… Mais je ne vous apprends rien, n'est-ce pas ? Vous, les Jésuites, vous savez tout ça. Je me demande comment vous faites pour croire en Dieu. Franchement, je vous admire…

En toute sincérité, je ne me suis jamais posé la question de savoir si ce que je fais est bien ou mal. Je fais mon boulot, et je le fais bien. Mon livre de chevet n'est pas la Bible, mais le Hagakuré, le livre des samouraïs. La mort fait partie de ma vie. Je la donne, et je sais qu'un jour ou l'autre, il me faudra la recevoir. Quand le médecin m'a annoncé ma mort prochaine, l'idée du suicide s'est naturellement imposée. Un samouraï inutile choisit la mort par seppuku, le suicide rituel.

Tout obstacle se dressant sur la route de mon maître doit être supprimé. Ce n'est pas plus difficile que cela. Et des obstacles, il y en eut, beaucoup.

Ce journaliste trop curieux, par exemple, Brandon Grangers, qui avait découvert comment le Sénateur Dillon avait touché un jackpot dans la juteuse affaire de White Tower. Aussi, pourquoi rédiger un article qui aurait eu l'effet d'une bombe atomique dans le monde politique. La carrière de Dillon aurait été terminée, et plusieurs secrétaires d'état auraient eu chaud au cul, je vous promets… L'article ne parut pas, et Grangers mourut bêtement sous les balles d'un dealer qui braquait la superette où il faisait ses courses.

Et puis, ce joueur de football américain qui prétendait avoir été approché par un type pour courir moins vite lors d'un match contre l'équipe dont le frère du Sénateur est Président. L'affaire fit pas mal de bruit dans les journaux, jusqu'à ce qu'on retrouve le type raide dans les vestiaires de son club, victime d'un mauvais dosage de « vitamines ».

Ce petit juge teigneux, aussi, qui voulait absolument entendre Dillon comme témoin dans une affaire de prostitution. Tout le gratin new-yorkais était impliqué. Des acteurs, des politiciens, des financiers, et même votre archevêque, et quelques pontes de l'Opus Dei. Sale affaire… Certaines des call-girls étaient mineures… Allez donc savoir ce qui lui a pris au petit juge, d'aller faire un tour en mer, tout seul, sur son yacht… Il ne faut jamais partir seul en mer. Ce n'est pas prudent… Il a dû écouter le chant des sirènes et se fracasser sur un rocher avec son bateau. En tout cas, personne ne l'a vu rentrer.

Et l'actrice Brenda Lee, celle-là même qui réussit à se faire engrosser par le Sénateur. Il eut beau lui promettre monts et merveilles, elle refusait catégoriquement d'avorter. Trop fragile, dépressive… Elle finit par se crasher en voiture. Alcool et barbituriques, le couple fatal…

Enfin, je ne vais pas vous faire la liste complète, mon Père. J'ai déjà tout raconté lors du procès.

Pour être tout à fait honnête, le sénateur Dillon n'a jamais commandité aucun meurtre. Il m'appelle simplement dans son grand bureau, et le cul posé confortablement sur son immense fauteuil en cuir, il allume un de ses cigares. C'est une sorte de rituel… Il tire en silence quelques bouffées, puis, d'un regard calme et désolé, il me dit doucement : *Jerry, j'ai un problème…*

Ensuite, on n'en reparle plus. Il apprend par la presse comment son problème a été réglé quelques semaines après, quelques jours, ou quelques heures parfois.

Mais il y a une affaire dont je n'ai pas parlé au procès, mon Père. Elle n'a pas fait de vagues, pas une ligne dans les journaux. Le genre d'histoire dont personne n'a rien à foutre, sauf vous et moi… et lui là-haut, s'il existe vraiment.

Ça s'est passé l'année dernière, en janvier. Il avait plu toute la journée, et le soir, il s'était mis à geler à pierre fendre. La route était glissante, et le sénateur conduisait lui-même sa puissante voiture. Il roulait vite, et derrière, nous avions du mal à le suivre. Il était euphorique. Il venait de persuader le juge Wargrave de ne pas se présenter contre lui aux prochaines élections. Comment ? Je préfère ne pas vous le dire. Rien ne résistait plus à Dillon depuis quelque temps. Il était au top, sûr de prolonger son mandat, ce qui le plaçait en excellente position pour l'investiture du parti aux présidentielles. Il y a des jours comme ça, où vous sentez que rien ne peut vous arriver. Vous êtes le meilleur, protégé par les dieux, indestructible.

Sur la route verglacée, Dillon prenait tous les risques. Il s'était mis en tête de nous larguer, juste pour le plaisir de nous engueuler une fois rentré au bercail. Dans un virage, sa voiture avait glissé sur une plaque de verglas et avait fait un tête-à-queue. Tout ça n'aurait pas été bien grave si personne n'était arrivé en face. Mais ce ne fut pas le cas. Une voiture arriva devant, et ce fut l'accident. Terrible… Les deux tires transformées en boîtes de conserves…

Je vous ai dit que rien ne semblait pouvoir arriver au sénateur. Il était sorti de la carcasse sans une seule égratignure. Ce ne fut pas le cas des deux passagers de l'autre bagnole. Un homme et une femme, jeunes, la trentaine… Ils baignaient dans leur sang, sans connaissance.

Il fallait agir vite, très vite. Pas question que le sénateur soit mêlé à ce genre de scandale trois mois avant une élection. On le chargea dans notre caisse, et un de mes hommes s'occupa de faire brûler la voiture du sénateur pour rendre impossible l'identification. Personne n'avait assisté à la scène. Nous étions repartis, laissant près du brasier les deux corps inertes dans l'autre voiture accidentée. Tout cela avait pris une dizaine de minutes, tout au plus.

Durant le reste du trajet, Dillon n'avait pas prononcé un mot. Son visage était calme, il semblait totalement maître de lui. À ce moment, il ne m'était pas venu à l'esprit que ce type pouvait être un monstre, incapable de sentiments. Non, j'admirais cette absence de peur devant le danger, ce self-control surhumain. À l'évidence, une telle maîtrise émotionnelle devant un événement de cette importance prouvait sa capacité à régner sur le monde.

Le lendemain, j'avais appris dans les journaux que la femme était morte et qu'elle était enceinte. L'homme, quant à lui, était à l'hôpital dans un état critique. Ses chances de survie étaient quasiment nulles. L'incident était donc clos. »

III

Un silence pesant règne. Jerry baisse la tête et fixe un point imaginaire sur le sol. Le prêtre laisse passer quelques minutes, puis :

— Ensuite ?

— Ensuite, rien mon Père. Laissez tomber. Je suis damné, vous pouvez rien pour moi… Foutez le camp.

Mais le Père Couffin ne lâche jamais une âme. Satan peut bien œuvrer, pousser les hommes au désespoir, jamais il ne cède. Cet homme a besoin de lui, il sera sauvé, malgré lui s'il le faut.

— Je partirai dès que vous aurez terminé votre confession, mon fils. Vous n'allez pas laisser triompher une fois de plus celui qui a ruiné votre vie.

— Ce que je vous dis ne suffit donc pas à vous ouvrir les yeux ? Vous n'avez pas encore compris que j'étais un monstre et que rien ne pourrait plus me sauver ?

— Un monstre ? Je n'ai entendu qu'un soldat servant un mauvais maître lui-même adorant de mauvais dieux. Un soldat fidèle qui a toujours respecté les règles du jeu auquel il jouait. Vous ne faisiez nullement le mal, puisque dans le code du samouraï le mal n'existe pas. Ne soyez pas surpris de ce que je vous dis. Voyez-vous, Saint François Xavier fut le premier à porter la parole de Notre Sauveur au Japon. Il était jésuite, comme moi, et il a été le sujet de ma thèse. Aussi ne suis-je pas ignorant de toutes ces choses, voyez-vous… Ce que je veux comprendre mon fils, c'est d'où viennent tous vos remords, d'où vient ce reniement de ce que vous étiez ?

IV

En sortant de l'agence de voyage, je passe devant l'Église Saint-Patrick. C'est une toute petite église romane perdue au cœur de la ville. Je ne sais pas pourquoi, j'y entre. Il est encore tôt, il n'y a presque personne. Juste deux ou trois vieilles ânonnant des prières à genoux. Je ne suis pas entré dans une église depuis… mon baptême sans doute. Pour moi, le Bon Dieu, c'est des foutaises. Et les histoires de curés… c'est tellement ridicule, hors du temps.

J'avance dans l'allée centrale, les mains dans les poches de mon manteau, sans me soucier du bruit que je fais. Au centre, à coté de l'autel, il y a un crucifix. Je ne sais pas pourquoi, il attire mon regard. Jésus crucifié… On voit la souffrance sur son visage… J'ai déjà vu des crucifix, je n'ai jamais fait attention. Le médecin m'a dit que j'allais atrocement souffrir… Je fixe le crucifié… Son visage… Cette atroce souffrance… La souffrance… Une idée s'insinue en moi, lentement… Je n'ai pas donné la mort, pas seulement… J'ai fait souffrir… J'arrive au pied de la croix… Je regarde ce visage… Il veut me dire quelque chose avant d'expirer… C'est fou, mais j'ai le sentiment que tous ceux que j'ai tués veulent me dire quelque chose à travers les lèvres de cette statue de plâtre… Je touche les pieds du Christ sans détourner le regard de ses lèvres… Il va mourir, pour la première fois, là devant mes yeux… Il me supplie d'écouter ce qu'il veut dire… J'écoute… Un murmure… :

— Aide-moi Jerry… Aide-moi !

Pendant quelques secondes, il ne se passe rien d'autre qu'une paix étrange et un silence absolu… Et puis, un bruit me fait sortir de ma torpeur. Une des vieilles s'est relevée et a bousculé son prie-Dieu.

Ma tête se met à tourner… Mes mains tremblent… Je fais demi-tour et sors en courant, comme un fou. Je reste une bonne heure dans la voiture avant de me décider à retourner au bureau. Je vais démissionner, bien sûr. Mais faut-il toujours que je parte là-bas, dans cette île paradisiaque, pour attendre la mort ? Ne vaut-il pas mieux avec tout ce fric, tenter de réparer, de racheter mes crimes ? Ou alors tout balancer aux autorités, me livrer et faire tomber cet enfoiré de Dillon ?

Ai-je bien entendu la statue parler ? N'est-ce pas une hallucination provoquée par la révélation de ma maladie par le médecin ? Je décide de prendre le temps de réfléchir à ce que je dois faire après ma démission. Je pars dans deux jours, je dois faire le point.

J'ignore que les dés sont jetés et qu'il est déjà trop tard.

V

J'entre d'un pas rapide dans le hall de l'immeuble, je prends l'ascenseur pour le 3ème étage, et je passe en trombe devant la secrétaire à qui je fais un signe de la main.

« Le sénateur est en rendez … »

Ses paroles retombent derrière moi, comme des feuilles mortes sur l'épaisse et confortable moquette du bureau. Quelle que soit la nature du rendez-vous, il n'est pas important. Le matin, Dillon ne reçoit que ses maîtresses. Je m'engage dans le long couloir désert qui mène à son bureau, et m'apprête à entrer.

C'est alors que derrière la porte, un coup de feu claque. Je sors mon arme, et d'un coup de pied, je fais voler la porte en éclats.

Le sénateur Dillon est affalé dans son fauteuil, derrière son bureau, une balle en plein cœur. Devant lui se tient un fantôme. Le fantôme du type de la voiture, que j'ai laissé dans son état critique à l'hôpital.

Bouge pas, salopard !

Mais la sommation est inutile. Il n'est plus armé. Son arme traîne sur le sol, inutile désormais. Je comprends immédiatement.

Il a survécu. Fou de douleur d'avoir perdu sa femme et son enfant, il a décidé de se venger, quel qu'en soit le prix. Il a dû voir Dillon conduire, juste avant l'accident, il l'a identifié… Putain, quel con ! Le coup de feu a dû être entendu dans tout l'immeuble. Les flics sont en route pour le cueillir. L'assassinat du futur Président des États-Unis… c'est la chaise électrique assurée. Et pourtant, sa vengeance est légitime. Pauvre gars ! Je le regarde dans les yeux. Mon Dieu ! Ce visage… ce visage déformé par la souffrance… c'est celui du crucifié, une heure plus tôt, à l'église.

— *Aide-moi Jerry… Aide-moi !*

Pourquoi tant de morts, tant de meurtres, tant de souffrances infligées à tant d'innocents ? Ce type va se faire embarquer pour avoir flingué une ordure, et moi je vais tranquillement me casser sur mon île au soleil.

— *Aide-moi Jerry… Aide-moi !*

C'est une question de minutes maintenant. Déjà, les sirènes hurlent dans la rue. Plus une seconde à perdre…

Écoute-moi bien petit con, voici exactement ce que tu vas faire…

VI

— Voilà mon Père, le reste, vous l'avez compris. Je lui ai glissé mon billet d'avion et le numéro du compte dans la poche intérieure de son blouson, et je lui ai murmuré : « *Casse-toi vite avant que je ne change d'avis…* » Il est monté au dernier étage en attendant que les flics débarquent. Ils ne furent pas surpris de m'arrêter, la secrétaire leur avait bien confirmé que j'étais passé devant elle dans un état de grande excitation… Durant l'enquête, j'ai avoué tout ce qu'on a voulu. L'important était que le môme puisse se tirer au soleil pour recommencer sa vie. Moi, il fallait que je paie, que j'expie mes crimes. Tous. J'ai tout raconté mon Père, sauf le nom de l'assassin du sénateur… Nul ne le saura jamais. Demain à l'aube, je mourrai sur la chaise électrique. J'ignore si Dieu me pardonnera. Je ne suis même pas certain qu'il existe, en fait… J'ai peut-être été victime d'hallucinations.

Mais finalement, je meurs content… Je sais que là-bas, très loin, un môme que la vie a brisé a les moyens de se reconstruire. J'y suis un peu pour quelque chose. C'est sans doute la seule bonne action que j'aurai faite dans ma vie.

Le Père Couffin approche sa tête de celle du condamné. Il pose sa grosse main sur son épaule, et murmure à son oreille :

—Toutes tes fautes sont désormais pardonnées. Je t'absous au nom du Père, du Fils, et du Saint Esprit… Pas de pénitence, mon fils… En prenant sur toi la faute d'un autre, tu as accompli plus que bien des gens parfaits. Veux-tu recevoir le corps du Christ ?

Serrant alors le prêtre contre lui, Jerry éclate en sanglots pour la première fois de sa vie. Mais les larmes qui coulent à flot de ses yeux sont des larmes de joie.

AVENTURES EN MER

Prologue

Bonjour, je m'appelle Ishmaël. Ouais, Ishmaël, celui de l'histoire... J'suis devenu capitaine à présent, mais tu peux m'appeler par mon prénom quand on est pas à bord !

Capitaine... Dieu sait si je l'ai aimé ce titre, et haï aussi. J'en ai connu des capitaines, presqu'autant que j'ai connu d'bateaux. Et c'est de ça dont j'veux t'parler ici, jeune homme. Ou jeune femme... qui sait, avec cette lumière, je ne distingue pas vraiment ton visage...

Tu t'demandes peut-être c'que j'fais ici. Comment il se fait que j'sois encore vivant ? J'en sais rien moi-même. Le vieux Melville a pas tout raconté, tu sais... J'ai vécu avant la baleine blanche (maudit soit son nom et celui qui le prononce), et je vis encore aujourd'hui.

Aujourd'hui... Est-ce qu'il y a encore des aventures en mer ? Y a-t-il encore une mer ? Et pour combien de temps ? Allons jeune homme, ou jeune femme, viens donc prendre un verre avec moi ! J'te raconterai des histoires ! Des vraies, des fausses, des légendes... J'arrive plus aujourd'hui à faire la part des unes et des autres. Et si parfois j'me tais, écoute le silence !... Peut-être entendras-tu, comme j'l'entends, toutes ces voix qui hurlent du fond des âges, comme un écho. Si tu les entends, tu m'le diras, et alors... Je saurai que j'suis pas fou !

I

La carte au trésor

T'as remarqué, la plupart des histoires commencent par la découverte d'une carte ? Du vieux *Bill* de l'auberge de l'*Amiral Benbow* à la belle *Tanger Sotto* en passant par le *Capitaine Haddock*, tous possèdent une carte au trésor. Sans carte, comment partir ?

Avoir une carte moussaillon, ça veut pas dire qu'on trouvera quelque chose ! Ça veut dire que, même bredouille, personne ne rira de nous lorsqu'on rentrera. Hein ? Qu'est-ce tu dis ? Pas sûr aujourd'hui ?

Imagine que tu possèdes une carte, petit. Une vieille carte au trésor, avec une croix quelque part, n'importe où, sur l'île de la Tortue, ou en Alaska, ou dans le trou du cul du monde. Une vieille carte jaunie, un peu déchirée, avec quelques taches... Tu les verras baver tous ces minables. Baver de convoitise... Pas pour le trésor bien sûr. Personne croit plus aux trésors depuis belle lurette. Mais pour l'Aventure ! Partir de son quotidien de merde, laisser son patron se démerder tout seul, oublier flics et politiciens... et partir, toutes voiles dehors ! Libre, moussaillon, tu sais ce que ça veut dire… LIBRE ? Plus de chien à sortir, d'impôts à payer... Libre. Seul face à face avec Dieu, sur la mer !

Une carte, c'est la bonne excuse pour partir, tu comprends... Sans carte, tu peux pas aller plus loin qu'au bout des chaînes qui te retiennent au monde. Avec la carte, on te jalousera, on te traitera de fou, mais on respectera ton rêve.

Parce qu'on sait jamais... Tous les mômes qui rêvent en nous espèrent contre toute évidence que la carte soit vraie.

Des cartes, j'en ai vu des centaines. Des vraies et des fausses... Certaines qui menaient à des coffres pleins, d'autres à des coffres vides, certaines qui menaient nulle part, ou vers les emmerdes ! Mais toujours l'aventure moussaillon ! Les bagarres, et les femmes, et le rhum, et les naufrages ! Quant à savoir s'il faut faire naufrage et entendre les sirènes, ou rester chez soi et regarder les autres partir ? Seuls ceux qui ont contemplé les sirènes peuvent répondre.

Et toi, tu as une carte ? J'te demande ça moussaillon, parce que moi, j'ai un bateau... Et qu'la bouteille est bientôt vide. Et c'est le moment ou jamais pour prendre le large ! Demain, ce sera plus raisonnable ! Mon bateau (qui est le plus rapide ce soir...) sera plus alors qu'une épave poussive, et ta carte une reproduction minable achetée chez le libraire du coin. Et puis surtout, y aura plus de rhum !... Alors, tu me la montres ta carte au trésor !

II

La chanson de marins

Ils étaient quinze matelots
Sur le coffre du mort
Quinze loups quinze matelots, yohoho, yohoho !!!
Qui voulaient la bouteille...

C'est la vieille chanson de l'île au trésor. Bien sûr que *L'Île au trésor,* c'est un roman, mais si vrai... Si tu savais mon gars, combien de fois j'l'ai entendue chanter, fredonner, murmurer c'te bon dieu de chanson ! Par des marins torchés qui titubaient sur des vieux rafiots, et qui – il y a un bon Dieu pour les ivrognes – sont jamais passés par-dessus bord. Par des gamins qui sortaient du cinéma. Et puis aussi par des types qui ont jamais pris la mer, qui ont jamais navigué qu'dans leur tête, des rêveurs, des poètes...

Quinze matelots... Quinze, c't'un sacré nombre. Pas un nombre magique, mystérieux, j'crois pas. Remarque que quelquefois !... J'ai connu un vieux juif qui était capable de faire parler les chiffres. Les gens à quai l'appelaient *le Kabbaliste*. Pour nous, c'était un sorcier. Pour lui, chaque chiffre symbolisait quelque chose, et chaque lettre était un chiffre, et chaque mot était un nombre, et chaque nombre devenait oracle ou prédiction. Il m'foutait les jetons, c'vieux fou ! Un soir, des ivrognes ont fichu le feu à sa boutique, et tout a flambé. Nous, on passait par là avec des potes, alors on est entré dans la fournaise, et on l'a tiré de là. On a sorti sa femme, son fils et même son chat du brasier. Tu crois qu'il aurait remercier, toi ? Non, il s'est mis à pleurer. À pleurer sur ses livres qui brûlaient... À croire que ses livres étaient plus importants qu'sa propre vie, et qu'celle de sa famille. Remarque, avec le temps j'ai appris à comprendre l'importance des livres moi aussi !... Finalement, les fous à l'époque, c'était peut-être nous qui étions pas scandalisé par l'incendie. On lui avait sauvé la vie, ça nous suffisait. On a pas compris qu'il nous paye pas une chopine... Un gars (un Hollandais, je crois...) a dit qu'c'était parce qu'il était juif. Il a pris mon poing dans la gueule, parce que juif, je savais pas trop ce que ça voulait dire, mais je savais que ma mère l'était, et qu'il était probable que je l'étais aussi. Hein ? Ma religion ? Mais je suis marin !... Et en mer, on a coutume de s'expliquer directement avec Dieu.

Ils sont sur le coffre du mort. Les matelots dont on

parle depuis tout à l'heure (Faut suivre moussaillon !...). Et qu'est ce qu'ils foutent sur le coffre du mort ? Tu crois qu'ils cherchent les clefs ? Y a peut-être un trésor dans le coffre... ou mieux : une carte ? Et ben non, ils s'en foutent éperdument. C'qu'ils veulent, c'est la bouteille ! Et la question est : *Pourquoi ?*

Sont-ils désespérés par la mort du type au coffre ? Est-ce qu'y a rien dans le coffre, est-ce qu'ils noient leur chagrin, ou au contraire est-ce qu'ils fêtent quelque chose ? La chanson dit rien là-d'ssus. Elle dit simplement qu'ils veulent la bouteille. Peut-être qu'y a un message dans la bouteille, ou mieux : une carte. J'ai l'obsession des cartes. Je te l'ai déjà dit, je crois ?

Et cette putain de chanson nous laisse en rade, sur le quai, avec nos questions sans réponses... Ça me rappelle une chose que disait le vieux juif : " L'homme est une question, parce que le mot homme et le mot question ont la même valeur numérique..." et il disait aussi que quand l'homme ne pose plus de question, c'est qu'il est mort !... Alors elle sert peut-être à ça, c'te putain de chanson : à nous poser des questions, pour nous tenir en vie. C'est peut-être pour ça aussi que je vis depuis tout ce temps... Parce que j'ai pas de réponse... Mais la bouteille est vide moussaillon ! À demain, s'il nous reste des questions !

III

La baleine blanche

Tu connais mon histoire bien sûr, tout le monde la connaît, ou croit la connaître. Sauf peut-être moi-même...

Qu'est-ce qui peut pousser des hommes sains d'esprit

à s'attaquer au Diable ? Parce que c'te baleine, c'était le Diable ! Oh, sûr, les intellectuels prétendent le contraire. Elle faisait que se défendre, et si elle nous a coulé, si elle a détruit nos vies, c'est notre faute. Nous avions qu'à pas suivre le Capitaine Achab et son terrible désir de vengeance !...

C'est rien connaître à la mer, ni aux hommes, ni aux marins, que d'causer ainsi !

La jambe de bois du Capitaine, c'était notre jambe de bois. Le bruit qu'elle faisait sur pont, et qui nous empêchait de dormir, c'était notre conscience. Il nous fallait affronter le monstre... ou mourir.

Qu'es-ce tu dis ? La plupart d'entre nous sont morts ?

Ben ouais ! Mais un homme qui ne fait pas ce qu'il doit faire est-il encore vivant ? Et puis, pourquoi s'attendrir sur la baleine plus que sur Achab ? Achab était-il pas créé à l'image de Dieu, alors que le monstre... C'était une créature, douée d'intelligence. Or, un animal n'a pas d'intelligence, à moins d'être un monstre, un démon, le Diable.

Aujourd'hui, Achab a pas bonne presse. On prétend qu'il agissait par vengeance. C'est faux ! On se venge d'un homme, pas d'un animal. Si Achab avait eu la jambe emportée par un boulet de canon, il aurait pas cherché à se venger. Il était blessé dans son âme immortelle. Comment paraître devant Dieu avec une jambe de bois sculptée par l'enfer ?

Je pleure encore aujourd'hui le Capitaine Achab et mes compagnons du *Péquod*. Crois-tu moussaillon que Dieu eût mis *la Rachel* sur notre chemin si nous n'avions pas été digne de survivre. Et si nous étions dignes de survivre, c'est qu'Achab avait raison !

Qu'est devenu le monstre ? J'en sais rien... Personne l'a revu. Ni lui, ni le Capitaine. Est-ce qu'il l'a tué au fond de l'océan ? La lutte est-elle terminée ? Non, petit. La lutte continue. Mais le Mal a pris d'autres formes. T'attendris pas sur la baleine blanche comme certains l'ont fait. Le blanc, c'est pas toujours signe de pureté. Le Diable a bien des tours dans son sac... Verse-moi encore un verre et tais-toi ! Écoute l'océan... Tu entends ? Non ?.... Moi, j'entends !... Laisse couler mes larmes petit. Et reviens demain si tu veux... Ce soir, je veux boire à la santé de mes compagnons disparus.

IV

Le chant des sirènes

C'qu'il faut pas entendre !... Figure-toi qu'avant que tu arrives, j'ai entendu un crétin prétendre que si Ulysse avait écouté le chant des sirènes, il aurait fait naufrage ! Qu'est-ce qu'il a appris à l'école, ce clown ! Ulysse a entendu le chant des sirènes ! Il s'était fait enchaîner au bateau exprès pour pouvoir écouter sans se jeter à l'eau ! Il a eu raison, crois-moi. Parce que le chant des sirènes... y'a rien de plus mortel !

Mais pas besoin de prendre la mer pour ça ! Tous, un jour ou l'autre, y a des chances qu'on l'entende. Et la sirène, moussaillon, dis-toi bien qu'c'est toujours une femme ! C'est la fille qu'tu prends en stop et qui t'flingue pour ta carte bleue, c'est la pute dont tu tombes amoureux et qu'tu t'entêtes à sortir de sa misère en sacrifiant ta vie, c'est la fille inaccessible qui n'te r'gardera jamais et pour qui, pourtant, tu vas te ruiner. La sirène, c'est la femme pour qui tu t'jettes à l'eau, et pour qui tu t'noies !

Et pas besoin de prendre la mer pour faire naufrage ! Des naufragés, j'en connais plein ici qui sont jamais montés sur un bateau. Et pour tout dire, t'as plus de chance de t'sortir d'un naufrage en mer que d'un naufrage sur terre ! Pour un gars qui s'en sort, un naufrage en mer, c'est toujours un début. Demande à *Robinson*, au jeune *Alec* de Walter Farley, ou même à moi ! Demande aux Anglais, qui descendent tous d'une princesse grecque qui fit naufrage avec ses sœurs sur une île peuplée de monstres. Elles se sont accouplées à ses monstres... Oui, jeune homme... Et alors sont nés les plus formidables marins qu'la terre ait portés.

Bien sûr, y a les autres... Tous ceux qu'la mer a engloutis. Mais tu sais, pour un marin, y a pas de tombe plus belle que l'océan. Reposer avec tous ceux qui s'y trouvent déjà ! Tant de héros inconnus, tant de vaisseaux formidables, tant de légendes ! J'vais t'avouer quelque chose mon garçon... (ne m'en veux pas si je prends l'habitude de t'appeler mon garçon, peut-être qu't'es une fille après tout ! Mais j'ai si peu l'habitude des femmes… sauf pour... enfin...), j'vais donc t'avouer quelque chose : j'ai la trouille de pas mourir en mer. Mon pire cauchemar serait qu'la mort, cette vieille salope, vienne me prendre par surprise dans un rade comme celui-ci, comme un imbécile, devant une bouteille vide...

V

Suivre l'étoile

J'arrive pas à trouver l'sommeil ce soir, et la nuit est belle. Alors j'sors traîner un peu sur le quai. C'est marrant que tu sois là aussi. Tu regardes la mer, tu rêves d'aventures... Le ciel est dégagé, idéal pour naviguer. On voit bien les étoiles ce soir !

Oh, j'sais bien qu'maintenant, on vous apprend à vous en passer. Les bateaux sont pleins d'électronique, de radars et autre camelote. Mais de mon temps moussaillon, pour se repérer, la nuit, y avait qu'elles, et surtout celle-ci, la plus belle d'entre toutes : *l'étoile polaire*. La même qu'ont suivi les mages quand ils sont v'nus adorer l'enfant Jésus !

Sur la mer comme dans la vie, suivre l'étoile, c'est la seule règle qui compte ! Y en a pas d'autre ! Même si tu sais ni pourquoi tu la suis, ni où elle te mène, c'est ton étoile, et tu dois la suivre ! C'est ta seule chance ! Tant que tu peux la contempler, les maux qui t'entourent, les tempêtes, les ouragans, ils peuvent pas grand-chose contre toi ! Tu suis l'étoile, et tu dévies pas de ta route ! Et nuit après nuit, l'étoile est là, toujours. Même quand des nuages te cachent la voûte céleste, tu sais qu'elle est là et qu'elle veille sur toi, qu'elle te protège...

Oh, bien sûr, j'suis pas un spécialiste. Mais là-haut, y en a une qui est à moi ! On s'est choisi un soir, elle et moi. Et depuis ce temps, à terre ou sur les eaux, quand j'suis seul, qu'la bouteille est vide, et qu'je n'ai même pas de quoi me payer un verre, je lui parle. Je lui parle de tout, j'arrête pas de parler. Je dis des conneries souvent, des choses graves parfois, et mon étoile est là, qui écoute, qui me rassure, me réconforte.

Mais crois pas que ce soit à sens unique ! C'est exigeant une étoile, et capricieux souvent... J't'ai parlé des flots déchaînés déjà !... Et bien dans ces moments-là, l'étoile est impitoyable ! Elle exige que tu gardes le cap sur elle, que tu regardes qu'elle. Et si tu fais mine pour plus de sécurité de lui tourner le dos, alors elle se cache !... Et parfois, elle se cache longtemps. Un soir, j'ai bien cru que j'l'avais perdue... Toute la journée du lendemain, j'ai eu peur... Qu'est-ce que j'allais devenir sans elle pour me guider sur l'océan ? Et puis, elle est revenue. La tempête terminée, elle était là qui me regardait, qui veillait sur moi... J'étais sauvé, j'étais vivant.

J'suis pas sûr qu'tu m'aies bien compris ce soir, moussaillon. Sans doute crois-tu que j'délire, qu'j'ai pris trop de rhum, qu'je suis fou. Peut-être... Mais j'parle pas pour toi mon garçon, j'parle pour elle. J'suis heureux d'avoir la mienne, mon étoile...

Tache de t'en trouver une mon garçon !... On va pas bien loin sans étoile à suivre, crois-moi !

V

Larguer les amarres…

T'arrives à temps, moussaillon, un peu plus, et tu me ratais. Ça m'aurait ennuyé de ne pas te dire au revoir.

La nuit est tombée, mais pas de rhum, ce soir ! Tu pourras boire la bouteille entière, à ma santé ! Regarde là-bas, sur le quai. C'est mon bateau !… Ça t'en bouche un coin, n'est-ce pas ? T'y croyais pas ? Tu m'prenais pour un vieux fou ? T'as pas complètement tort au fond ! La sagesse de Dieu est folie aux yeux des hommes. Et d'puis le temps que Lui et moi on cause ensemble, sans doute que j'ai dû devenir un peu fou moi aussi.

Donc, ce soir je prends le large. J'embarque avec moi trois passagers. Deux hommes et une femme. J'suis le seul à pouvoir les emmener là où ils veulent aller. Dans l'*île Fabuleuse*. Une île paumée au milieu de la *mer des Sarcasmes*. Une île qui accueille tout ce que le monde rejette dans son absurdité. Ce soir, un couple d'amoureux qui protège un grand-père ayant gardé son âme d'enfant.

C'est des fugitifs. Le grand-père tente d'échapper à un monde qui entend lui interdirc toute spiritualité ; l'homme fuit un monde dans lequel artistes et poètes ont plus d'utilité ; et la jeune femme tente de préserver un idéalisme qu'a plus droit de cité.

Le voyage sera long, et sûr qu'on devra déjouer les tours que l'Diable nous réserve. Mais peu importe, j'connais bien la mer. Et j'suis le seul à pouvoir les emmener sur cette île qui n'existe que pour eux, et sur laquelle tu pourras sans doute jamais aller !

Bien sûr, qu'c'est risqué moussaillon ! Mais j'leur dois bien ça. Sans eux, j'existerais pas !

Allez, en route !…

Juste une dernière chose, petit : si un jour tu veux embarquer avec moi, trouve toi une carte et je t'emmènerai !

Parole !…

AVOCAT DES POUILLEUX

Une matinée ordinaire dans la vie de Simon Brodsky

Pause-café.

— Merde… la cafetière est vide… Bon ! on va s'en refaire un.

J'regarde mon collègue :

— On a déjà bu tout ça ?

— Moi, j'en ai pris un seul !

— Ah bon, alors c'est moi…

— Tu d'vrais faire gaffe Simon, tu prends trop de café…

— Ouais, je sais…Tout le monde dit ça. Ma maman, mon frère, ma sœur, mes mômes, et même toi… et alors ? Faut pas qu'je mange, faut pas que je boive, faut pas de sucre… Merde !

— Ben, sûrement qu'les gens qui t'aiment disent ça pour ton bien !

— Ouais, t'as raison. Tout le monde veut mon bien. J'suis très sensible à votre amour. Mais…

— Mais tu fais de la tension et tu prends trop de café.

— Écoute mec, si ma tension est élevée, c'est parce que vous m'cassez les couilles. Foutez-moi un peu la paix, et j'suis sûr que ça ira mieux !

— T'es de mauvaise foi, Simon.

— Mouais… Allez, t'as gagné ! Tu vois, le café qui coule. Et ben, c'est pour toi. J'en prendrai pas.

— Parole ?

— Parole. Si tu permets, en attendant mon rendez-vous, je sors fumer une clope.

— Simon …

— Ouais, je sais : « Fumer tue ! ». Mais j'sors, je tiens à ta santé. Moi aussi j't'aime, ma poule !

J'm'appelle Simon Brodsky, j'ai 40 ans et j'ai trop de tension. Ça fait deux ans que j'promets à tout le monde que j'irai voir le médecin la semaine prochaine. En réalité, j'ai aucune envie de m'retrouver condamné à perpétuité à prendre mes pilules avant chaque repas, à boire de l'eau, à manger sans sel et sans sucre, et à devoir répondre aux questions des gusses qui font semblant de s'intéresser à ma santé. Mais bon, un jour ou l'autre, faudra bien qu'je cède. Rien qu'd'y penser, j'en ai des palpitations.

J'suis défenseur syndical. Beaucoup ont fait la gueule quand je l'suis devenu, et pas seulement les patrons mafieux. Si j'en crois mes proches, j'avais en moi tout ce qu'il fallait pour réussir dans les *hautes sphères* du monde de l'entreprise. Sauf que ça m'emmerdait !… Pas le boulot en lui-même, mais les gens qu'il aurait fallu s'coltiner. La com, les réceptions, les mondanités… Il aurait fallu sacrifier mes bretelles pour des fringues de rupins qui m'auraient donné l'air d'un ours polaire en Amazonie. Et puis, faut pas s'le cacher, j'avais un handicap trop lourd pour nager avec les requins : je crois en Dieu.

J'veux dire que je crois en Dieu, VRAIMENT !!! J'suis pas bigot, non. Mais je prie beaucoup, et j'm'apitoie facilement sur la misère des hommes. Y a rien à faire, j'supporte pas l'injustice, surtout quand elle est le fait des riches à l'encontre des pauvres. Alors dites-moi ce que j'aurais bien pu foutre là-haut, parmi les puissants, dans leur monde artificiel ?

J'suis donc devenu syndicaliste. Un pauvre parmi les pauvres, l'*avocat des pouilleux* comme m'a lancé un jour, plein de mépris, un de ces « importants » dont l'Histoire ne retiendra pas le nom. Et toute la journée, j'reçois de pauvres bougres dont la seule faute est souvent de manquer d'instruction ou d'pas savoir lire un contrat de travail. Je défends ceux qui peinent, ceux qui souffrent, ceux qui luttent, et qui savent pas se défendre eux-mêmes. Leur détresse est un océan de misère, et souvent j'ai l'impression de tenter de vider cet océan avec une petite cuillère.

Mon rendez-vous est arrivé. C'est un grand black d'environ cinquante ans aux cheveux gris et au regard doux. Il a ôté respectueusement son chapeau qu'il tient à deux mains :

— Bonjour, Monsieur Brodsky, j'suis Monsieur Sissoko. Sako Sissoko de la société *Vigilance et Sécurité.*

— Entre Sako, sois le bienvenu ! Tu veux un café ?

— Oui, Monsieur Brodsky, je vous remercie.

— Tu peux me tutoyer, et m'appeler Simon ...

— Oh non, Monsieur Brodsky, vous êtes quelqu'un d'important et ...

Pas question de rire de sa naïveté. Rire c'est humilier ! Sako a besoin que je sois quelqu'un d'important. Il va mettre une partie de ses espoirs en moi, il va me raconter sa vie, m'accorder sa confiance. Il peut pas faire ça avec n'importe qui. Il faut que j'accepte de jouer le jeu, pour lui. Parce qu'il en va de sa dignité. Alors je vais changer de ton, parce que les types importants, les vrais, ça ne tutoie pas les pauvres gens.

— Bien, alors racontez-moi votre histoire Monsieur Sissoko.

— Je suis venu avec tous mes papiers, mes bulletins de salaire, mon contrat de travail, ma carte d'identité …

— C'est très bien, ce sont des papiers importants dont nous aurons besoin. Mais d'abord, vous allez tranquillement me raconter votre histoire. Et ne laissez pas trop refroidir votre café ! Prenez votre temps, je vous ai réservé la matinée …

L'histoire de Sako n'a rien d'original. C'est la même que toutes celles qui nous sont quotidiennement rapportées par tous ces gens exerçant des métiers ingrats et difficiles. Toujours les mêmes horaires délirants, les mêmes salaires dérisoires, les mêmes heures supplémentaires que le patron paiera le mois prochain, en même temps que celles du mois d'avant, quand le service comptabilité aura fini de… compter. Les mêmes jours de repos qu'on reporte parce qu'un collègue a démissionné. Les nuits entières à crever de froid devant le chantier à surveiller, parce que la relève ne vient pas à trois heures du matin comme convenu, et que partir sans autorisation, c'est un abandon de poste (dixit le boss), une infraction lourde, passible de licenciement pour faute grave et sans préavis.

Sako m'raconte des misères plus personnelles. Son chien est malade depuis une semaine. Il a pas les moyens de l'emmener voir un véto. Et il peut pas garder les chantiers sans son chien. Le patron a dit qu'il en a rien à foutre et que si Sako vient travailler sans son chien, il sera pas payé !

Un soir, en rentrant chez lui, Sako s'est endormi au volant et a eu un accident. Il devait pas travailler ce soir-là, mais le boss avait dit qu'il devait remplacer un collègue malade. Et il refuse de faire marcher l'assurance, because officiellement, Sako travaille pas ! On lui a demandé de rendre un service, mais c'était pas obligatoire, alors, pas question de payer pour ça !

Et puis Sako a des problèmes avec sa banque. On lui a versé son dernier salaire avec dix jours de retard. Il s'est retrouvé à découvert, et doit payer des agios. Et bien sûr, le patron dit que c'est pas son affaire…

— J'ai un ami qui m'a dit que vous l'aviez aidé à trouver un autre travail, Monsieur Brodsky, alors j'ai pensé que vous pourriez peut-être m'aider.

J'en crois pas mes oreilles. Y a aucune colère, aucune révolte dans les paroles de cet homme. Durant tout son récit, ses yeux ont gardé toute leur douceur. Ils se sont juste emplis de larmes par moments.

— Bien sûr, Monsieur Sissoko, je peux vous aider à trouver du travail. Toutes les boîtes ne sont pas malhonnêtes, vous savez. Je vais vous donner une liste de sociétés de gardiennage dont les patrons sont réglos…

— Merci beaucoup, Monsieur Brodsky. Vraiment je vous remercie infiniment.

— Mais… Monsieur Sissoko… Vous envisagez quand même de réclamer votre dû ?

— C'est-à-dire ? Je ne comprends pas.

— Et bien, toutes ces choses que vous m'avez racontées au sujet de votre employeur actuel… C'est illégal, vous comprenez ? Ce type est un escroc. Il vous doit beaucoup d'argent.

— Je sais Monsieur Brodsky. Mais qu'est-ce que je

peux y faire ? Il connaît mieux les lois que moi… C'est pour ça que je veux changer de société.

— Regardez, Monsieur Sissoko, votre contrat prévoit cent cinquante-quatre heures de travail par mois, avec deux jours de repos par semaine. Or, vous n'avez eu qu'un seul jour de repos le mois dernier… Ils ont *oublié* de compter vos heures supplémentaires, mais pas oublié de décompter les deux jours d'absence suite à votre accident. Ainsi, avec trois jours de repos au lieu de huit, on prétend ne vous payer que cent trente-quatre heures… Avec ce qu'ils vous doivent, vous pourriez réparer votre voiture et faire soigner votre chien. Vous pourriez peut-être même prendre quelques jours de vacances.

— Mais vous savez, Monsieur Brodsky, moi je ne veux faire de tort à personne. Le chef m'a dit que la société avait des problèmes d'argent. Qu'ils faisaient tout leur possible pour ne pas mettre la clef sous la porte… Je ne voudrais pas que mes collègues actuels perdent leur travail à cause de moi.

Les enfoirés ! Ils ont réussi à le persuader que réclamer ce qu'ils lui doivent était indécent. Que l'esclave devait être heureux d'avoir un si bon maître. Et que la révolte d'un seul aurait des conséquences terribles pour tous !

Je regarde longuement Sako…

Je devrais sans doute le secouer. Lui dire qu'il se fait avoir, qu'on s'fiche de lui… Allons, il est pas dupe ! Son regard doux et calme cache une terrible résignation devant les malheurs du monde ! D'où vient-il ? Qu'a-t-il dû supporter avant d'être traité de la sorte. Combien de générations de Sako ont-elles ôté et tenu ainsi leur chapeau à deux mains devant des interlocuteurs à l'évidence pas toujours bienveillants ? Et cette façon si respectueuse de parler !!!...

Non, cet homme ne se battra pas. Pour des raisons que j'ignore, il en a pas la force !

Il est venu ici pour être écouté, pour se confier, pour témoigner de sa souffrance et de celles de ses frères de travail. Mais lutter ... Non, il saura pas. C'est un homme calme, paisible, qui demande qu'une seule chose : qu'on lui permette de travailler dans la paix et dans la dignité.

— C'est entendu Monsieur Sissoko, voici la liste que vous m'aviez demandée. Le personnel bouge pas mal, mais on y est traité correctement. Il y a même des représentants syndicaux.

— Je vous remercie beaucoup, Monsieur Brodsky.

— Vous voulez vraiment me remercier Monsieur Sissoko ?

— Oh oui, bien sûr...

— Alors appelez-moi Simon... Cela me ferait vraiment plaisir.

Voilà !

Sako est parti.

Et je me sens vide, terriblement inutile.

Mes enfants m'imaginent comme une sorte de vengeur, de Zorro qui permet que justice soit rendue. Mais dans la plupart des cas, j'me borne à écouter, à donner quelques conseils à de pauvres types résignés ou terrorisés par leur hiérarchie.

J'enrage... Tant de fatalisme me met hors de moi. J'écrase le gobelet en plastique que Sako a laissé sur la table. Qu'il aille se faire voir, qu'ils aillent tous se faire voir, avec leurs yeux de chiens battus et leurs paroles sans haine pour personne. Croient-ils que c'est comme ça qu'on changera le monde, ces imbéciles ? Croient-ils qu'on puisse obtenir quelque chose sans se battre dans ce monde pourri ?

Et puis ma colère passée, j'ai honte. Pourquoi m'en prendre à eux ? *Heureux les doux*, dit l'écriture. Et puis plus loin, elle dit : *Heureux ceux qui ont faim et soif de justice, car ils seront rassasiés*.

Et moi, j'ai la dalle !...

J'suis retourné m'asseoir à mon bureau et j'ai commandé une pizza au saumon. Mon collègue m'a dit que c'était pas bon pour mon cholestérol ; qu'à mon âge, il faudrait que je fasse... J'lui ai dit de fermer sa gueule, et je me suis resservi un café.

Il est vexé. Il boude... Il fait semblant de ne pas me voir, et fixe consciencieusement un rapport sans intérêt. Je m'approche doucement de lui, sans bruit... Puis j'attrape sa tête à deux mains et lui fait un énorme smack sur la bouche et lui disant que je l'aime.

— Va te faire foutre !... hurle-t-il en s'essuyant les lèvres.

Mais j'l'ai vu rigoler...

Tout va bien !

ORAISON POUR UNE FEUILLE MORTE

La bouteille de whisky est posée à main droite, juste à côté de l'ordinateur qui se trouve devant moi. Je dois écrire ce soir une oraison funèbre. Une oraison pour une feuille de chêne. Une oraison pour une feuille morte.

Elle était jeune et belle, et elle est tombée amoureuse d'un chêne. Elle s'est épanouie auprès de lui, puis ils se sont mariés. Elle a vite déchanté... Le chêne avait plus de cent ans, et c'était un vieux con. Un vieux con lubrique, qui passait son temps à séduire toutes les feuilles qui l'entouraient. Comme la feuille était intelligente, elle a vite compris que son salopard de mari la trompait. Elle a compris également que dès qu'elle vieillirait, il la foutrait dehors.

Alors, elle s'est mise à compter les jours qui la séparait de la fin de l'automne. Mais vers la fin du mois de septembre, alors qu'elle s'ingéniait à paraître dans des toilettes resplendissantes pour masquer son déclin, elle a rencontré un gland. Et même s'il n'y a jamais grand-chose à attendre d'un gland, elle en est tombée amoureuse et s'est donnée à lui.

Oh ! tous les culs serrés du monde vous diront qu'ils condamnent avec la plus vive énergie ce genre d'histoire.

Que ce n'est pas sérieux, que cela ne peut que mal finir...
Le fait est que ça a mal fini !

Après l'avoir prise en flagrant délit d'adultère, le chêne demanda le divorce. La feuille se retourna alors vers le gland qui retourna d'où il était venu. *Niquer une vieille, c'est génial, vivre avec, c'est immoral !* raisonna-t-il dans sa cervelle de gland !

Alors, la feuille quitta la branche où elle créchait. Elle plana quelques secondes dans le vent qui soufflait doucement, et se posa délicatement devant les pompes d'un type qui promenait son chien.

Je me suis agenouillé devant la feuille qui semblait vouloir me dire quelque chose :

— J'ai aimé par deux fois dans ma courte vie.

— Un vieux con et un pauvre type. Ils ne méritaient pas ton amour, jolie petite feuille.

— Tais toi, idiot... J'ai aimé, tu comprends pas ? Aujourd'hui, à l'heure de mourir, je suis heureuse d'avoir connu l'amour. Aimer, c'est formidable. Donner son amour est la seule raison pour laquelle nous vivons.

Et elle expira.

Pendant ce temps, mon chien pissait sur le vieux chêne.

J'ai ramassé la feuille et je suis passé au presbytère. J'ai commandé un enterrement de première classe pour mon amie la feuille.

— Je paierai ce qu'il faudra.

— Impossible, répondit le curé.

— Pourquoi ? Parce que ce n'est qu'une feuille ?

— Non... Mais elle est divorcée.

Je suis retourné dans la forêt à la recherche du gland pour lui casser la gueule. Mais il y avait des glands partout. Rien ne ressemble plus à un gland qu'un autre gland !

Au retour, mon chien a de nouveau pissé sur ce connard de chêne.

Moi aussi !

UNE ÂME SI PURE

L'Homme est seul.
Il a fermé sa porte à double tour.
Il a fermé ses volets.
Dehors le soleil brille, mais il s'en tape…

L'Homme est seul.
Devant lui, un cendrier plein et un paquet
de clopes presque vide.
Une bouteille également. Vide…
Vide comme son âme,
Vide comme son cœur…

Vide son cœur ?
Allons… Il déborde de larmes et de soupirs.
Un amour mort, et un autre à l'agonie.
Et la souffrance…
La souffrance de celle qui ne l'aime plus,
La souffrance d'une autre qui ne sait plus l'aimer.

Quelqu'un frappe à la porte.
Quelqu'un l'appelle…
Une voix claire, comme du cristal…
Un cœur pur, une âme fraîche…

L'Homme est seul.
Il est seul et il a peur.
Tout en lui le pousse à ouvrir cette porte.
À laisser entrer cette brise de printemps qui saurait sûrement l'apaiser.
Il se lève, avance, ses doigts se tendent vers la poignée…
Mais son geste se fige :
Un cœur pur, une âme fraîche,
Une voix claire comme le cristal…
Il sait que s'il ouvre la porte,
Il détruira tout cela.
Comme il l'a déjà fait,
Si souvent fait…

Alors il retourne s'asseoir.
La voix crie, pleure, supplie de la laisser entrer.
Elle est belle, elle est forte,
Une âme pure sur laquelle il pourra s'appuyer
Sur laquelle il pourra pleurer jusqu'à retrouver ses forces…
Elle promet qu'elle saura,
Elle promet qu'elle pourra.

Devant lui, un cendrier plein, et un paquet de clopes presque vide.
Il en prend une, et l'allume lentement.
Et il prend la seule décision raisonnable :
Il n'ouvrira pas.

Pas encore imbécile,
Mais tu sais bien que tu finiras par céder…

TONY MONTANA

Tony Montana ou rien !

C'est ma devise, mec. Montana, ce type, c'est trop d'la balle ! T'imagine, un mec comme toi et moi, qu'est rien, qui possède que son flingue et ses couilles et qui devient le King... Trop d'la balle, j'te dis !

Pour moi, c'est clair : la vie, la vraie, c'est ça. C'est devenir Tony Montana, ou bien crever.

J'habite La Motte sur Bry. Un bled à la con dans le centre de la France. Pas la peine de chercher sur la carte, tu trouveras pas ! La Motte, c'est le trou du cul du monde. Y a rien ! Juste une *Grand'Rue* qui doit faire trois cents mètres et qui coupe le bled en deux parties bien égales. Y'a rien, j'te dis ! L'épicerie est fermée depuis... J'en sais rien, elle était déjà fermée quand j'suis né, il paraît. La poste aussi est fermée, depuis deux ans déjà. Ils ont remplacé les guichets par un distributeur automatique de billets. On s'demande bien pourquoi d'ailleurs, parce qu'ici, même si t'as des billets, y a rien pour les dépenser ! Jusqu'à l'année dernière, y avait le café... mais il a plié bagage quand on a interdit aux derniers clients d'y griller leurs clopes. Remarque, nous, on en avait rien à branler du café, y avait que des vieux là-dedans. Des vieux et rien d'autre, et surtout pas de gonzesses. Parce que des gonzesses à la Motte, tu peux courir pour en dégoter. Y a que les *daronnes*... Les autres, ça fait longtemps qu'elles se sont tirées. Dès la quinzième année, allez hop, l'internat ! C'est l'seul moyen d's'évader de c'putain de trou à rats ! Moi, mon père, il a dit que j'étais trop nul pour aller à l'internat. Qu'ce serait du fric foutu en l'air, et que d'toute façon, il avait trop de crédits sur le dos avec la ferme. Alors, j'continue de prendre le car pour aller au lycée technique de Romont. Romont, c'est comme la Motte, c'est des autres trous du cul du monde, sauf que c'lui-là, il a chié un lycée technique où on enseigne comment devenir un gros con de plouc de merde comme ses parents !

Mais moi, j'deviendrai pas un gros connard de l'espèce en question ! Quand j'vois mon père assis sur son tracteur, avec son quintal de graisse et sa clope qui pue au bec, je m'dis que cette vie-là, faut vraiment être une fiotte pour l'accepter. Et quand j'vois ma daronne, avec ses poteaux à la place des jambes et sa robe qui ressemble à rien, en train d'distribuer la bectance aux poulets, j'me demande comment c'est possible que mon père la baise encore !... De toute façon, il a pas trop le choix, vu que des putes, il y en a pas par ici ! Alors forcé, il doit baiser ma mère, ou alors il s'astique le manchon ! Moi, j'crois que j'préférerais me branler que d'baiser un truc pareil.

Franchement, quand tu vois la nana qu'il se tape Tony Montana dans le film avec Pacino, tu te dis que quand même, il existe une vie qui ressemble pas à cette vie de merde qu'on prétend nous faire vivre, mes potes et moi.

Mes potes, c'est Bill Jourdan, et Bob Castel. Bill, c'est le diminutif de William. C'est comme ça que ses parents l'ont appelé. Mais c'est pas le pire ! Le pire, c'est Bob.

Son prénom d'indigène, c'est Robert. Robert, comme son grand oncle ! Heureusement, avec la traduction américaine, on arrive à quelque chose de potable. Bob et Bill, ça va ! William et Robert, ça faisait VO pour bande de culs-terreux. Des fois, pour faire chier, vu que Bob est gros, je les appelle Boule et Bill. Mais Bob, quand il s'énerve, ça déménage ! Alors je déconne que quand il est de bon poil.

Moi, mes parents m'ont appelé Antoine... Bien sûr, à la Motte, les vieux m'appellent Tonio. Mais pour mes potes, pas question de m'appeler Tonio, eux, ils m'appellent Tony. Comme Tony Montana ! Tonio, c'est nase, ça fait Portugais ! Un jour, tout le monde m'appellera Tony. Un jour, celui qui m'appellera Tonio, je l'descendrai direct d'un coup d'berretta.

L'autre jour, dans le car qui nous ramène chez nos vieux, Bob nous dit qu'il a rencontré un mec qui pouvait nous mettre sur un coup. Parce que Bob et Bill, ils ont les mêmes rêves que moi. Eux aussi, ils veulent se tirer d'ici. Rien à foutre de la ferme des vieux, rien à foutre de l'air pur de la campagne. L'air pur de la campagne... c'est bien un truc de mecs qui ont jamais mis les pieds dans le rural. La campagne, avec tous les engrais qu'on déverse, ça pue ! La ferme aussi ça pue ! Ça pue la merde de poulets, la merde de cochons, la bouse de vache. La campagne, ça pue pire qu'un chiotte où Bob vient d'débourrer !

Nous, on veut devenir des princes, des lascars, des affranchis. On veut conduire des belles bagnoles et s'taper des top models. Et on a un truc en nous qui fait qu'on a toutes les chances de réussir : *on a la rage !* On est juste des types qui ont plus rien à perdre et on sait pertinemment que si on se tire pas d'ici, on d'viendra des gros cons sur des tracteurs et qu'on nettoiera d'la merde de poulet jusqu'à perpette. À côté d'ça, la prison, c'est l'aventure ! Alors qu'est-ce qu'on risque, dis-moi ? Les autres disent qu'on est des bons à rien, mais ils se gourent. En réalité, on est des prêts à tout !

Je reprends ! Donc, Bob a rencontré le type qui peut nous mettre sur un coup. Il l'a rencontré à la sortie du lycée, alors qu'il fumait sa clope. Le mec stationnait pas loin, dans une BM, et il était au téléphone. Bob a toujours adoré les belles bagnoles. Il a commencé à tourner autour. Il l'a regardé d'un drôle d'œil, genre sale et vicelard, et lui a fait signe de se tirer. Bob lui a fait un doigt, et lui a dit d'aller se faire mettre. Mais il lui a dit en italien, comme dans les films de Scorsese. Alors, le mec a raccroché son portable, est sorti de la caisse pour s'occuper de Bob. Mais Bob, il a peur de rien ! Au lieu de prendre ses jambes à son coup, il s'est avancé vers le type et lui a fait piger qu'il était paré pour la castagne.

Quand Bob était plus qu'à quelques pas, le type a sorti un flingue et l'a mis en joue. Bob a stoppé net... Alors, le mec s'est mis à rigoler, et a rangé son arme. Et il a dit à Bob qu'il en avait dans le froc, et qu's'il voulait, il pouvait lui donner du taf. Bob a dit *Okay !* mais qu'il avait des potes et qu'ses potes devaient en être aussi. Le type a souri, a répondu que si ses potes étaient comme lui, c'était *Okay !* mais qu'il était pas question de faire de conneries. Bob a dit que ses amis, c'était plus que des amis, que c'était des frères, et même des frères de sang, et qu'y aurait par conséquent aucun problème. Alors le mec à dit : *Okay !*

Le coup en question, en fait, c'était pas bien difficile. Un des vioques de Romont avait emprunté du fric à un ami du mec en promettant de le rembourser dans les quinze jours. Ça faisait plus d'un mois, et le vioque avait toujours pas fait voir la couleur de l'oseille. Le mec à la BM nous avait donc demandé de lui filer les jetons et de le persuader de rembourser le flouze au plus vite !

Nous v'là donc en service commandé ! Une première pour les nouveaux caïds du patelin !

Bob, Bill et moi, on décide de passer à l'action cette nuit en grimpant la porte en fer qui donne dans la cour du vioque. On a prévu de forcer la serrure et d'entrer tous les trois pendant qu'il regardait la télé avec sa femme. Je dois lui expliquer calmement qu'il est temps qu'il se décide à raquer, pendant que Bob et Bill casseront deux ou trois trucs, histoire de lui foutre le trouillomètre à zéro.

Donc, Bill passe en prem's. Il escalade la porte comme un chat, et retombe derrière en sourdine. Pour Bob, c'est plus laborieux. Il faut qu'je lui fasse la courte échelle, et il tape plusieurs fois du genou dans la porte, ce qui fait un boucan d'enfer. Alors que j'commence à escalader, le vioque sort armé d'un fusil de chasse. Il met Bob en joue, mais il a pas vu Bill qui a eu le temps de se planquer sur le côté. Moi, j'suis en train d'enjamber le haut de la porte quand il lève les yeux sur moi. Je crie à Bill de lui sauter dessus. Le vioque a peur, et le coup part ! On voit Bob s'écrouler devant le vioque, et la vieille crie dans la maison. Bill saute sur l'assassin de Bob alors qu'il veut r'mettre ça avec moi. Ils roulent à terre, dans les merdes de poulets, et commencent à se castagner. Moi, je saute dans la cour, et je balance un grand coup de pied dans la gueule de cet enfoiré. Il lâche son fusil en hurlant. Alors, je prends le flingue, et j'le mets en joue à mon tour. Bill me dit d'pas faire ça, mais j'le fais quand même. Je bute ce salopard, puis j'entre dans la baraque et je tire en direction de la vieille. Pendant ce temps, Bill escalade la porte dans l'autre sens, et gueule comme un putois qu'il faut qu'on s'tire. Il a raison. De toute façon, j'peux plus dézinguer la vieille, y a plus d'cartouche dans le fusil. J'ai bien un couteau suisse, mais Tony Montana aura jamais rempli un contrat armé d'un couteau suisse. Je rejoins donc Bill de l'autre côté de la porte, et on s'tire en courant comme des malades.

J'suis super bien ! J'ai conscience d'avoir franchi, cette nuit, un cap important d'mon existence ! Jusqu'à présent, j'ai été qu'un pauvre plouc habitant un village de nase, mais maintenant, j'suis devenu un tueur ! Bien sûr, le vioque a pas payé, et le type à la BM risque de couiner un peu. Mais j'en fais mon affaire. Je le convaincrai bien que la vieille, elle sera prête à rendre l'oseille à la première occase...

Seize heures.

Les flics sont là. J'comprends qu'ils viennent me choper. Chez moi ! devant mes parents ! J'oppose pas de résistance, bien sûr ! Ils me menottent les mains dans le dos, et m'emmènent au panier. Et je passe triomphant d'vant mes vieux qui comme d'habitude ont rien compris à ce qui arrive.

Salut bande de paumés, la prison m'attend ! Là-bas, je serai plus Tonio. Je serai Tony, comme Tony Montana. J'espère que j'prendrai au moins cinq ou six ans, histoire de devenir un vrai truand. Et quand j'sortirai, j'serai un prince, un lascar, un affranchi...

Putain, c'est trop de la balle !!!

WE SHALL OVER COME...
SOMEDAY

« We shall over come »

Le chant de protestation politique le plus important
de tous les temps, chanté partout dans le monde par les hommes
et les femmes luttant pour la justice et pour l'égalité.
À l'origine, un chant baptiste, repris par le mouvement
des travailleurs en 1930, rendu célèbre lors de la marche
pour les droits civiques de 1950 par
la Highlander Folk School du Tennessee...

Bruce Springsteen

Da Silva est un seigneur.

C'est grâce à lui, et à lui seul, que notre syndicat tient encore debout aujourd'hui. Tout le monde vous le dira. Il a monté sa section y a plus de vingt ans avec une paire de couilles et une barre de fer.

Da Silva, c'est le Messie. C'est le fils d'une révolutionnaire mexicaine qui aurait couché avec le Che et Jimmy Hoffa en même temps. La goutte de sperme dont il est issu est la quintessence de tout ce que la recherche génétique a pu apporter à l'humanité. Il est le phare illuminé de la pensée syndicale... pour toujours et en tout lieu.

Amen.

Pour lui, les hommes se divisent en deux catégories.

D'abord les *bons à nib's* : des boulets, des crétins, des inutiles. Il les encarte quand même, parce que, comme il dit, mieux vaut que les cons votent pour lui que pour d'autres bon à nib'.

Et puis il y a les *branlos*.

Ceux-là ont du talent, ou du moins un talent. Ils sont utiles... Mais ils veulent jamais rien foutre. Ou alors, ils en font qu'à leur tête. Ou pire encore, ils essaient de penser par eux-mêmes alors qu'ils en ont pas la capacité. Si on les laissait faire, ce serait un monstrueux bordel... Heureusement, il est là, lui, Da Silva, pour leur donner des coups de pieds au cul, les engueuler et les faire avancer. C'est comme ça qu'on fait avancer la machine : avec des coups de gueule et des coups de pieds au cul.

Moi, j'suis un branlos.

Quand la structure nationale a demandé à Da Silva de la rejoindre, j'ai pris la tête du syndicat. Et Da Silva a pris la mienne, dans l'heure qui a suivi. Il m'a même dit qu'il me la couperait, si je suivais pas ses consignes à la lettre. Que c'était pas parce qu'il devenait un dirigeant national qu'il avait pas le droit de continuer à diriger ceux qui lui devaient tout, et qui sans lui, auraient jamais été rien !

Les consignes sont simples. J'suis le chef, et les militants font ce que j'dis. Quant à lui, il est Dieu, et j'fais ce qu'il dit.

Da Silva dit qu'un syndicat, c'est comme une PME. On doit y organiser le taf comme des patrons, et les militants doivent taffer comme des employés. Moi, j'vois pas ça pareil. J'dis qu'un syndicat, c'est une fraternité de travailleurs, et que les chefs sont que des élus mandatés par leurs adhérents pour les aider à lutter contre les abus des patrons. J'dis qu'un dirigeant syndical, c'est pas un boss, et qu'les militants peuvent pas être mes employés vu que de toute façon, j'peux pas les payer.

Mais Da Silva, il répond qu'tout ça c'est des discours de gaucho, de la rhétorique de chiotte, et que si j'continue comme ça, il me destituera.

Alors, j'fais comme il dit et j'ferme ma gueule !

Au début... Au début, ouais, j'ai fait comme il disait. Mais pas longtemps...

En douce, j'ai commencé à restructurer le syndicat. D'abord, par la compta. Le trésorier était un *bon à nib'* qui suivait À LA LETTRE les instructions de Da Silva et qui passait son temps à s'faire engueuler parce que les comptes étaient dans le rouge.

J'lui ai dit qu'j'y connaissais rien, qu'j'étais pas comptable, mais que Da Silva non plus. J'lui ai demandé son avis sur ce qu'il fallait faire. Il a dit qu'il fallait radier les adhérents fictifs qui payaient rien depuis plus d'un an mais que Da Silva voulait garder pour gonfler les résultats aux yeux du national. On l'a fait...

On est sorti du rouge en deux mois, et Da Silva nous a engueulé parce que depuis son départ, on avait déjà perdu plus de trente adhérents.

Entre temps, avec mes deux adjoints, on avait remis les statuts à jour. Maintenant, Da Silva pouvait plus nous virer sans convoquer une assemblée générale. Sauf qu'on avait repris les adhérents en main et qu'ils étaient plutôt content de nous.

Alors on a envoyé chier Da Silva...

Et les emmerdes ont commencé illico.

Da Silva a commencé à répandre des bruits dégueulasses sur notre compte auprès des autres syndicats et de la structure nationale. Qu'on arrivait au bureau à onze heures, qu'on se cassait à quinze heures, qu'on allait pas aux réunions, qu'on prenait des vacances n'importe quand avec les moyens du syndicat, bref, on branlait rien et on coulait le bateau.

Comme il jouissait d'une auréole qu'il s'était fabriquée lui-même, les boss du national ont cru bon de gober ses histoires, et ont commencé à nous faire chier pour des conneries. On nous a demandé de justifier tout ce qu'on faisait, de faire des rapports sur les heures auxquels on allait pisser, et on a commencé à nous couper les vivres.

On était grave dans le paradoxe, d'être à la tête d'un syndicat en pleine expansion, avec des comptes irréprochables, un pouvoir de nuisance qui nous rendait incontournable auprès de la direction de la boîte, et pourtant à poil à cause du travail de sape d'un gros con qui avait persuadé tout le monde qu'il avait découvert l'Amérique avant Christophe Colomb, botté le cul de Napoléon pour le forcer à gagner Austerlitz, et qu'il était le véritable père de Jésus-Christ, celui-là même qui était ressuscité sur son ordre.

On a cru s'en sortir en lui donnant un os à ronger. J'ai échangé ma place avec un de mes adjoints, et j'ai fais croire que j'étais sur le départ. Remarque, par moments, j'ai vraiment envie de tout plaquer et de le laisser se démerder tout seul. Mais je peux pas laisser tomber Benny. Il est trop gentil, et il se ferait dézinguer trop facile. Et puis il y a Robert. Robert qui me soutient depuis le début et qui m'a sauvé plusieurs fois la mise. Tout plaquer, ça reviendrait à les foutre grave dans la merde... Non, j'peux pas faire ça !...

On est tous les trois d'vant la machine à café. J'fume ma clope devant la fenêtre ouverte. Benny gueule un peu parce qu'on est en hiver et qu'on s'gèle les miches. Je propose de fermer, mais Bob me dit que, dans ce cas-là, il va me parfumer avec le désodorisant des chiottes... Depuis qu'on a interdit la clope dans les bureaux, je lutte pour préserver ce sanctuaire devant la fenêtre... Mais ça devient de plus en plus difficile !

— Bon, sérieusement, dit Benny, on est franchement dans la merde ! On a plus de quoi faire tourner nos militants sur les chantiers, et les élections, c'est dans trois mois !

— Y a qu'à démissionner tous les trois, je dis ; comme ça, on devra pas endosser la responsabilité de la défaite. On nous empêche de bosser, pas question de perdre par leur faute.

— Ouais, j'y pense de plus en plus sérieusement. J'ai réessayé mon uniforme avant hier. Il me va toujours.

— Eh les mecs, vous déconnez ou quoi, s'énerve Bob, c'est exactement ce qu'ils attendent. Qu'on démissionne !... Après, ils reprendront nos places alors qu'ils en voulaient pas il y a quatre ans, quand on était au fond du trou. On a tout redressé, bordel ! On va pas abandonner comme ça !

— En même temps, t'as quand même vu de quoi ils sont capables ? Ils suivent, comme les moutons à Panurge, Da Silva qui m'a discrédité pour trois mille ans ! Et maintenant, il commence à s'en prendre à toi.

— Ouais, sauf qu'avec moi il va tomber sur du solide. C'est pas avec les deux chicots qui lui restent qu'il va m'entamer.

— Dis moi, Benny, c'est pas toi qui connais des types de la mafia turque ?

— Arrête un peu tes conneries Simon !...

— C'est pas forcément des conneries. Les branches pourries, faut les couper ! D'ailleurs, c'est Da Silva qui le dit lui-même.

— Bon, il est midi. On prend un sky ?

J'regarde Bob. Son œil pétille... Chaque fois qu'on dérape, Benny nous propose de boire un coup. C'est pas croyable comme on peut déraper à l'heure de l'apéro.

Douze heures trente.

On en est au quatrième verre. Bob nous raconte ses exploits de chasseur. Il a tiré un sanglier le week-end dernier.

— J'l'ai tiré entre les deux yeux. Un bestiau comme ça, quand il est lancé, t'as pas intérêt à le rater !

— Da Silva, il te fait pas penser à un sanglier des fois ?

— Tu te lâches, Benny ?

— Ben non, je voulais dire... Un bestiau comme ça, quand il est lancé...

— Ouais, t'as raison, t'as pas intérêt à le rater !

Un silence pesant vient de tomber.

On vient de trouver la Vérité au fond de notre verre de whisky. Si on veut s'en sortir, y a qu'une solution. Et pas de scrupules à avoir... Da Silva est un gros con, une bête nuisible, et il est en train de nous charger !

Si personne appuie sur la détente, c'est lui qui va nous piétiner. Évidemment, c'est pas d'actualité d'le descendre à la Winchester. Mais d'un coup de pute... Un de ces coups de pute qu'il hésite pas, lui, à utiliser.

On sait tous aussi ce que ça veut dire. Si on fait ça, on deviendra comme lui... On rejoindra le côté obscur de la force.

Elle sera belle à voir, la *fraternité des travailleurs* ! C'est l'alternative du Diable qui s'offre à nous. Devenir des tueurs et perdre notre âme, ou tomber en héros, et voir notre rêve s'écrouler...

Me reviennent en mémoire ces vers d'Omar Kayam :

Si tu punis le mal que je fais par le mal,
Quelle différence y a-t-il entre toi et moi ?

— J'ai une deuxième bouteille dans le casier...

C'est Benny qui a raison. On est pas des enculés, et il est pas question qu'j'en devienne un. Ni moi, ni lui, ni Bob... On va juste boire un coup. Un de plus... Histoire de s'torcher la gueule... Après tout, Da Silva a raison, on sera jamais comme lui. On est juste des *branlos*...

— Il doit rester du rhum dans mon armoire, dit Bob.

Des *branlos*, j'te dis !...

Mais on va s'en sortir...

Un jour...

LA PREMIÈRE PIERRE ou L'ÉVANGILE SELON SAMMY

« Nous avons trouvé celui de qui Moïse
a écrit dans la Loi, et dont les prophètes ont parlé,
Jésus de Nazareth, fils de Joseph »

SAINT LUC, *Ch. 16 v. 9*

Lorsque j'arrive chez Sammy ce jour-là, j'comprends tout de suite dit qu'j'suis bon pour une magistrale prise de tête. Contrairement à l'habitude, la table du salon est en ordre. C'est-à-dire qu'elle est pas encombrée par les trente volumes habituels du *Talmud* et de la *Thora*. Plus grave, un seul bouquin m'attend, bien en évidence, au centre de la table. Un *Nouveau Testament*. Et les yeux de Sammy brillent de malice derrière ses vieilles lunettes qui lui servent d'ailleurs plus à grand-chose... Ça fait des années qu'il est pas retourné chez l'ophtalmo, et comme il connaît ses livres quasiment par cœur, il se rend pas compte qu'il voit plus rien.

Comprenant d'emblée qu'il mijote quelque chose, j'décide de tirer le premier :

— Ca y est ! tu t'es enfin converti ?

— Non Simon, répond-il gravement, mais j'ai lu ton livre... Et je ne comprends pas comment toi et les tiens pouvez persister à rester dans l'erreur. Il suffirait d'un peu d'esprit critique, d'un peu de débat, d'un peu de discussion pour que transparaissent enfin certaines vérités, et que tu reviennes sur le droit chemin de la religion de ta famille.

— On en a déjà parlé mille fois Sammy. Ma famille, c'est aussi celle de papa, et c'est lui qui s'est occupé de mon éducation religieuse...

— Ton père est un tyran qui ne t'a pas laissé le choix...

— Parce que toi, tu me l'aurais laissé, bien sûr...

— Mais moi, j'ai raison... Et je peux le prouver.

— C'est bien connu Sammy, les juifs ont tous toujours raison, même lorsqu'ils sont pas d'accord entre eux.

— C'est parce que la *Vérité* a plusieurs facettes, comme Dieu possède une infinité de noms. Donc, comme le dit Pirandello : « À chacun sa Vérité » !

— Il était juif Pirandello ?

— C'est difficile de parler sérieusement avec toi, Simon. Tu cherches toujours une échappatoire quand tu es pris dans tes contradictions.

— Ben tu vois, finalement, j'ai hérité de quelque chose de toi... Bon, allez, nous sommes le dernier jour de la semaine, et c'est le jour de la prise de tête. Je me demande bien pourquoi je continue à venir te voir tous les dimanches.

— Nous sommes le premier jour de la semaine. Et tu viens me voir parce que tu sais que tu as besoin de mes commentaires pour te guider dans ce monde. Tu viens me voir chaque dimanche au sortir de la messe... Tu quittes ton Église plein de frustrations parce que tu n'as trouvé aucune réponse à tes questions existentielles, et tu viens te ressourcer aux sources de la Foi de tes ancêtres.

— J'veux pas te faire de peine Sammy, mais l'Église est à trois rues d'ici, et la vérité, c'est qu'j'adore les olives que tu m'sers avec l'apéro. Et c'est l'unique raison d'ma présence ici.

— Tu as raison, on va commencer par ça. Qu'est-ce que tu prends ?

L'apéritif servi, Sammy revient au sujet qui le préoccupe :

— Jésus est le fils de Joseph, et non pas le fils de Dieu comme vous le prétendez…

— C'est un vieux débat Sammy… On sera jamais d'accord là-dessus !

— Mais c'est écrit dans VOTRE livre, Simon. Et puis, il y a cette histoire avec la femme adultère. C'est elle qui m'a mis sur la voie.

— Mais Marie a rien à voir avec la femme adultère !…

— Sauf qu'elle risquait elle aussi d'être lapidée, sans l'intervention de Joseph. Laisse-moi te raconter les choses telles que je les vois… Tout part de ce passage de l'un des évangiles… attends que je le retrouve…

Le voilà :

> Dès l'aurore, Jésus fut dans le Temple et tout le peuple venait à lui, et s'étant assis, il les enseignait. Or, les scribes et les Pharisiens amènent une femme surprise en adultère, et la plaçant au milieu, ils disent : « Maître, cette femme a été surprise en flagrant délit d'adultère. Or dans la Loi, Moïse nous a prescrit de lapider ces femmes-là. Toi donc, qu'en dis-tu ? »
> Mais Jésus, se baissant, se mit à écrire avec son doigt sur le sol...

— Et alors Sammy, je vois toujours pas le rapport…

— Le rapport ? Et bien écoute :

Trente ans auparavant, c'est une autre femme qu'on avait voulu lapider.

Elle s'était offerte à son fiancé juste avant que ce dernier ne parte construire un Temple dans la ville voisine. Son absence devait durer quatre mois…

Mais quelques semaines après son départ, la jeune fille fut bien obligée de reconnaître qu'elle n'était plus seule à attendre son bien-aimé. Elle portait un enfant, son enfant.

La chose était courante à l'époque, et nul ne s'en offusquait plus. Combien de mariages n'avait-on pas avancés, avec l'aide bienveillante des autorités religieuses… Après tout, un enfant, c'était un don du ciel, et nul n'enfreignait vraiment la Loi, puisqu'on s'arrangeait toujours pour marier les jeunes filles sans que leur état ne soit visible.

Le départ du jeune homme, cependant, avait considérablement compliqué les choses. Le ventre de la belle commençait à s'arrondir gentiment, et il était manifeste pour qui la voyait qu'elle avait enfreint la Loi. Pour qui la voyait, c'est-à-dire uniquement pour ses parents. Car, prudemment, elle avait décidé de rester cloîtrée en attendant le retour de son fiancé. Mais l'élu de son cœur se faisait attendre, et les dangers encourus étaient chaque jour plus grands. Un péché n'était pas un péché tant qu'il restait bien caché, mais s'il apparaissait au grand jour, alors… Selon la Loi, que certains esprits malveillants sauraient bien tordre jusqu'à la rendre impitoyable, la jeune femme risquait jusqu'à la lapidation.

D'autant plus que Nathan, le cordonnier n'avait pas supporté d'être éconduit par celle qui était de l'avis de tous, la plus belle jeune femme du village. Pendant des mois, il l'avait courtisée en vain. Il avait fait le siège de sa maison, fait valoir sa situation, marchandé avec son père, mais jamais l'objet de sa dévotion ne lui avait accordé plus qu'un sourire poli. Elle lui dit finalement un jour (dont il se souvenait comme le plus sinistre de sa vie) qu'elle en aimait un autre, qu'il était inutile d'insister, qu'elle était prête pour le dédommager à lui rendre ses cadeaux. Il ne fallait pas qu'il lui en veuille, bien sûr. Elle l'aimait bien, elle acceptait volontiers son amitié. Mais l'amour ne se commandait pas.

Alors Nathan sombra dans un terrible désespoir. Son cœur se durcit, consumé par la haine et l'humiliation qu'il ressentait. Il se mit à la haïr avec autant de passion qu'il l'avait aimée. Qu'est-ce que la haine d'ailleurs, sinon une forme inaboutie de l'amour ?

Soupçonneux, il se mit à l'épier. Ne la voyant plus sortir, il commença à imaginer des choses... Un matin, il n'y tint plus. Il s'introduisit chez elle, et découvrit la vérité. Une joie sinistre alors, s'empara de lui. Il tenait sa vengeance...

Ni les supplications des parents, ni les larmes de la jeune fille ne purent attendrir ce cœur durci par les blessures de l'amour. Il ameuta le village, et une foule vint vociférer devant la porte de la fiancée.

Alors, Marie sortit de chez elle et affronta la foule. On l'insulta, on lui cracha dessus, et excité par Nathan, ils la traînèrent devant un mur afin de la lapider. Les premières pierres étaient déjà lancées lorsqu'une voix puissante tonna et stoppa les furieux.

« Que faîtes-vous misérables ? »

C'était Joseph, le fiancé. Charpentier de son état, homme instruit, pharisien, connaissant la Loi de Dieu sur le bout des doigts.

On lui expliqua.

Nathan qui savait bien ce qui s'était passé mettait au défi Joseph d'assumer sa faute, ce qui l'aurait également condamné à la déchéance. Qu'il soit le père ou non, il était trop tard. La Loi violée, exigeait réparation. Joseph le savait bien.

Alors, il eut ces mots :

« Pourquoi crois-tu que je sois rentré Nathan ? Un ange m'est apparu en rêve qui m'a dit : "Ta fiancée Marie attend un enfant. Cet enfant n'est pas le tien, mais celui de l'Éternel, et tu dois rentrer au plus vite, car il court de graves dangers." Crois-tu Nathan que j'épouserais, moi, une femme qui me soit infidèle ? Ou peut-être mets-tu toi, ma parole en doute ? Si tel est le cas, prends cette pierre Nathan, ET TUE L'ENFANT DE DIEU DANS LE VENTRE DE SA MÈRE !!! »

Personne dans la foule n'avait autorité suffisante pour contredire Joseph. La plupart déjà priaient l'éternel de les pardonner pour leur geste irréfléchi.

Nathan savait que seul un tribunal aurait pu condamner maintenant les deux futurs époux. Mais Joseph était de taille à plaider sa cause, et de toutes les façons, les rabbins ne condamnaient plus à mort depuis longtemps. Un à un, les lapidateurs rentraient chez eux, et Nathan, vaincu, se résigna à en faire autant.

Alors Joseph rejoint Marie et la prit dans ses bras. Puis s'agenouillant devant elle, il embrassa son ventre en pleurant….

Jésus regarda finalement ceux qui lui avaient amené la femme adultère. Le piège était grossier. S'il refusait la lapidation, il parlait contre la Loi et se discréditait. Mais s'il l'acceptait, il parlait contre Rome qui seule avait le pouvoir de condamner à mort, et il serait alors dénoncé comme agitateur.

Et la foule était là, qui attendait une réponse….

« Soit, se dit Jésus en souriant. Ils auront leur réponse. Oh oui alors, ils vont m'entendre… »

Que répondre à Sammy après une telle histoire. De toute façon, nous n'aurions pas été d'accord. Alors j'termine les olives et comme d'habitude, j'le quitte en lui laissant la douce illusion qu'il m'a convaincu.

Le fait est qu'à défaut de me convaincre, il m'a donné matière à penser. Et au fond, c'est sans doute pour cela que j'continue à venir m'engueuler avec lui tous les dimanches.

Au fond de moi, j'sais bien qu'il a raison. J'ai assez vu de ces types trop sur d'eux, bien installés dans le confort de leur *prêt-à-penser*. Qu'ce soit au taf, ou à l'Église... Pour eux, le temps s'est arrêté le jour où ils ont trouvé la Vérité. Et toute personne remettant cette Vérité en cause est taxée d'hérésie ou de folie.

Pourtant, c'est sans doute à cause d'hérétiques comme Sammy que la terre est ronde, qu'on envoie des fusées dans l'espace, et qu'on a aboli la peine de mort.

Comme dit souvent ce vieux casse-couilles : « Le sage cherche la Vérité, l'Imbécile l'a déjà trouvée ! »

LE PARRAIN

C'est en braconnant dans le bois de Saint-Cloud en 1825, que mon père fit la connaissance de Monsieur Leroy. Chaussé de vieilles guêtres, vêtu d'une veste râpée, d'une étrange casquette, portant sous le bras son fusil, accompagné de son chien, ce dernier lui inspira immédiatement une immense sympathie.

Comme il lui montrait le magnifique faisan qu'il venait de tirer, l'autre s'exclama :

— Et vous ne craignez pas de le montrer, ici, à moi ?

— Pourquoi ? Vous avez l'air d'un brave homme, répondit mon père. Et puis c'est une habitude prise dans nos vieilles campagnes, que le pauvre monde fasse des extras aux dépens du Roi…

— En effet, répondit l'autre en riant. Dites-moi, vous avez l'air de savoir tirer ?

— Dame ! j'ai été militaire ! Et puis, j'ai servi à la bonne époque, sous l'Empereur Napoléon. Et vous ?

— Oui, j'ai servi moi aussi… Et longtemps !…

— Comme capitaine ?

— Mieux que cela !

— Comme général alors… ? C'est bien ce que je pensais….

Ainsi mon père prit-il l'habitude d'appeler Monsieur Leroy « Mon Général ». Comme ils se rencontraient souvent, dans le même bois, ils se lièrent d'amitié, et c'est tout naturellement qu'au jour de mon baptême, le « Général » Charles Leroy accepta de devenir mon parrain.

Bien qu'il partît souvent dans les années qui suivirent, il ne se passa jamais six mois sans qu'il ne vienne nous rendre visite. Chaque fois, il m'apportait un petit cadeau. Si les jouets qu'il m'a offerts ont fini par se casser, la Bible, cadeau d'anniversaire de mes cinq ans est par contre toujours en parfait état. Je l'ai posée devant moi, tout à l'heure, avant de me mettre à écrire…

Je me souviendrai toujours de cet anniversaire. Il ne fut pas très joyeux. Le début de l'été avait était terrible, et une mauvaise fièvre avait tué mon frère avant de me tomber dessus. Mon état était critique, au grand désespoir de mes parents, dont j'étais le dernier enfant.

Aussi, lorsque mon parrain m'offrit cette jolie petite bible, reliée de cuir, je vis là comme un signe du destin. J'étais perdu, j'allais mourir. Il était temps de rendre mon âme à Dieu.

Mes parents n'avaient pas les moyens de faire venir un médecin. Monsieur Leroy fit venir le sien qui m'examina gravement. Puis, il s'isola pour s'entretenir avec mes parents. Lorsqu'elle revint me voir, ma mère avait les larmes aux yeux, et mes craintes se confirmèrent.

J'ignore ce qui se passa dans les jours qui suivirent. La fièvre s'était emparée de moi. J'étais alité et je délirais souvent. J'entendais mon père parler dans la pièce voisine. Les voisins étaient avec lui, et tous parlaient avec agitation. Des mots revenaient sans cesse que je ne comprenais pas :

pénurie, guerre, révolution, république, abdication du Roi. Ma mère ne quittait pas ma chambre, et ces bruits de fureur ne l'intéressaient guère. Elle priait à genoux devant moi. Puis elle prenait ma main dans la sienne et ne la lâchait plus durant des heures. Sans doute espérait-elle inconsciemment, me retenir sur terre...

Un soir, enfin, je fus tiré de mon sommeil par un terrible vacarme. Quelqu'un tambourinait à la porte en criant : « Ouvrez ! Au nom du Roi ! » Mon père saisit son fusil et ouvrit la porte, pointant l'arme en direction de l'intrus. Puis il s'arrêta, saisi d'étonnement : une voiture attelée stationnait devant la porte. Une voiture aux armes du Roi de France !

Le « Général » Charles Leroy en descendit, tandis que l'homme qui avait frappé à notre porte lui demandait :

— Est-ce bien ici, Votre Majesté ?

— Oui, répondit il à voix basse. Laissez-moi seul ! »

Il demanda à me voir et on le mena à ma chambre. Et je jure devant Dieu que ce que je vis était bien réel. Je ne délirais plus à cet instant. Il posa sa main sur mon front, et dit doucement :

« Le Roi te touche, Dieu te guérisse ! ».

C'était le vieux pouvoir des Rois de France, comme je l'appris de nombreuses années plus tard. Saint Louis y avait souvent recours, ainsi que ses successeurs.

Avec le temps, on se mit à douter, et à raisonner. À la volonté de Dieu, succéda la raison d'État. On brûla les templiers, on persécuta les justes. Le Roi ne touchait plus grand monde à part ses maîtresses, et Dieu avait dû trouver d'autres canaux pour accomplir ses miracles.

Mais ce roi-là, malgré tout ce qu'on peut en lire aujourd'hui, était un roi très chrétien. Et c'est par lui que Dieu m'a guéri. Sans doute voulait-il que quelqu'un témoigne !...

Le lendemain, le 2 Août 1830, Charles X, dernier Roi de France et de Navarre abdiquait. Son successeur, Louis Philippe Ier n'était plus dès lors que roi des Français. La différence est grande. Le premier régnait sur le pays entier, sur les campagnes, les montagnes, les forêts. Il régnait sur les âmes de tous les hommes, de toutes les bêtes, sur les arbres et les fleurs, sur les ruisseaux et les rivières. Le second ne régnait plus que sur l'administration d'un pays. Il n'était plus sacré. Il n'allait donc pas régner beaucoup…

Il paraît que ce jour-là, à Paris, on fit la fête. On ne la fit pas longtemps. Et bientôt, Stendhal allait écrire :

« Il faudra peut-être des siècles à la plupart des peuples d'Europe pour atteindre au degré de bonheur dont la France jouit sous le règne de Charles X ».

COMMENT J'SUIS DEVENU CÉLÈBRE

Pendant près de quinze ans, j'ai écrit des nouvelles dont personne avait rien à foutre ! J'en ai envoyé des centaines à différentes maisons d'éditions, et à différents magazines dont les responsables les avaient toutes lues d'un derrière distrait et ne m'avaient jamais répondu, ou alors avec des conneries qui remballaient ma plume dans le fessier des sergents-majors qu'elle aurait jamais dû quitter ! Et puis un jour, j'reçois un coup de fil étrange... Une voix nasillarde me demande de me rencontrer de toute urgence, à propos de l'ensemble de mon œuvre. Elle a une proposition à me faire, mais l'affaire est *assez délicate*, prétend-elle. Elle propose de venir en parler chez moi, sur le coup des trois heures du matin. Il faut rester discret !...

— Vous assumez pas vos goûts ou vous vous foutez de ma gueule ? j'demande.

— Non, non, pas du tout, Monsieur Brodsky. Nous adorons ce que vous faites... Disons que ce que nous allons vous demander est assez particulier, et je dois rester extrêmement discret.

— Bon, amenez vous !... Mais j'vous préviens, c'est le bordel chez moi, et la femme de ménage est en grève !

— Ça n'a guère d'importance, Monsieur Brodsky.

Vous comprendrez bientôt que ce genre d'affaires nous est parfaitement indifférent.

— Vous représentez qui, quoi ? Un magazine underground ? Une revue porno ?

— Rien de tout cela... Vous verrez, vous serez forcément surpris, mais je suis certain que cela vous intéressera.

La voix raccroche. Va savoir !...

Donc, sur le coup des trois heures du mat', j'suis devant ma bécane en train d'écrire un Goncourt, lorsqu'on frappe discrètement à la porte. J'vais ouvrir, et j'me retrouve en face d'un nain. Un vrai nain, en chair et en os, tout droit sorti d'un film de Walt Disney. Celui avec des lunettes...

« Bonsoir Monsieur Brodsky, je suis Archibald Donner, mais vous me connaissez certainement sous le nom de *Prof.* »

J'me frotte les yeux, me met quelques claques, puis j'me dirige vers la salle de bains pour me passer la tête sous l'eau. De retour dans le salon, le nain est toujours là, assis dans mon fauteuil.

— Bon, excusez-moi si j'ai l'air surpris...

— Vous êtes tout excusé Monsieur Brodsky. Pour tout dire, ce serait presque à moi de m'excuser. Je crois que je vous dois quelques explications.

— J'sais pas vous si vous me devez des explications, des excuses ou du pognon, mon petit bonhomme, mais admettez qu'un nain qui débarque chez vous à trois heures du mat' et vous dit qu'il sort tout droit du monde de Blanche-Neige, c'est pas très habituel !

— Tel que vous me voyez, Monsieur Brodsky, je suis bel et bien réel. Vous n'avez pas d'hallucination, du moins pas ce soir. Je suis bien celui que le grand public connaît sous le nom de *Prof*, un des fameux sept nains. Je suis de passage à Paris, et je viens vous proposer un contrat.

— Un contrat !... Quel type de contrat ?

— Nous voudrions éditer l'ensemble de votre œuvre.

— L'ensemble de quelle œuvre ? Et c'est qui "NOUS" ? J'crois que vous vous trompez de Brodsky. Depuis quinze ans, j'ai pas placé une seule de mes putains de nouvelles dans un seul foutu magazine, chez aucun éditeur. J'ai pas d'œuvre !... J'ai des manuscrits dans des tiroirs, c'est tout !

— Nous savons bien que ce monde stupide ne comprend rien à votre génie Monsieur Brodsky, mais nous avons réussi à nous procurer des copies de vos écrits. Et chez nous, vos histoires font fureur !

— Citez m'en une... une seule !...

— « Mémoires d'une chaussette sale ».

— Recalée en 1995, "nouvelle dont la vulgarité n'a d'égale que la prétention".

— Je sais, c'est ce qu'on vous a répondu. En même temps, le mec qui vous a recalé ne jure que par *Regis Debray*.

— Bon, admettons que vous soyez tombé par hasard sur un de mes textes, citez m'en un autre !...

— « Le prout qui tue ! ».

— J'avoue que c'est ma préférée ! On m'a répondu : « Notre ligne éditoriale se passera très bien de vos inepties scatologiques ! »

— Pfut ! ils n'ont rien compris, une fois de plus... Moi, celle que je préfère, c'est « Le petit Prince contre Jack l'Éventreur »... Hi hi hi, bidonnant ! Qu'est-ce que vous lui mettez à ce sale môme !...

— Bon !... Admettons que j'sois célèbre chez les sept nains, mais...

— Vous êtes célèbre dans tout le pays. Enfin, notre pays !

— Et c'est quoi votre pays ?

— L'île Fabuleuse, une toute petite île perdue au milieu de la Mer des Sarcasmes.

— Des Sargasses !...

— Non, la Mer des Sarcasmes... Introuvable sur vos cartes ! C'est chez nous, complètement en dehors du monde, ou de ce que vous appelez « la réalité ».

— Mouais... Une sorte de monde parallèle, quoi...

— Si vous voulez ...

Une partie de moi-même me dit que ce gnome se fout de ma gueule, mais une autre me donne envie d'y croire. Je décide d'entrer dans le jeu...

— Qu'est-ce que vous attendez de moi ?

— Nous voudrions que vous veniez sur notre île afin d'y faire une lecture de quelques-unes de vos nouvelles ; ensuite, la salle posera des questions, comme ça, à brûle-pourpoint. Si vous acceptez, nous publierons l'ensemble de votre œuvre, c'est-à-dire tout ce que vous avez écrit, et tout ce que vous écrirez par la suite.

— Et côté salaire ?

— Nous n'avons pas chez nous ce que vous appelez *l'argent*. Mais vous deviendrez citoyen d'honneur de l'île Fabuleuse, et pourrez venir y vivre quand bon vous semblera !

— Humm... Sur l'île, les gens sont tous comme vous, en chair et en os ?

— Oui Monsieur Brodsky...

— Et on y trouve TOUS les personnages des dessins animés ?

— Oui, Monsieur Brodsky.

— Bernard et Bianca sont donc des souris qui parlent et QUI EXISTENT VRAIMENT ?

— Absolument !

— Lilo et Stich aussi ? Et les dragons, et le gros chat qui pue de Cendrillon, et tout et tout ?...

— À ceci prêt que nous vivons en paix ! Vous ne risquez rien pour votre sécurité.

— J'ai une question un peu triviale...

— Posez, Monsieur Brodsky !

— Depuis que je suis tout petit, je rêve de me taper la méchante Reine. Vous croyez que j'ai mes chances ?

— Monsieur Brodsky, vous êtes pour nous une sorte de Dieu de la littérature. Je ne vous mentirai pas cependant, vous n'êtes pas le seul ! Vous côtoierez là-bas d'autres écrivains comme Luis Sépulvéda, Arturo Perez Réverte, ou Amélie Nothomb (moi, je la trouve terriblement sexy !...). Sur notre île, nous portons à la littérature plus que de l'intérêt. C'est grâce à elle que nous vivons. Et puis, comprenez-nous bien : pour endormir vos enfants, vous leur lisez nos aventures... Et bien nous, pour endormir les nôtres, nous leurs lisons vos histoires...

— VOUS LEUR RACONTEZ « MÉMOIRE D'UNE CHAUSSETTE SALE » ? AVANT DE LES METTRE AU LIT ? À DES MÔMES DE 3 ANS ???

— Comment croyez-vous que nous soyons devenus aussi intelligents ?

— Ça marche, Prof, heu, pardon, Monsieur Donner. J'accepte votre proposition !

— C'est parfait, vous nous faites un immense honneur et un immense plaisir, Monsieur Brodsky. Je vous rappelle demain pour préparer votre voyage !

Puis il est sorti, me laissant seul dans un état d'excitation que je n'avais jamais connu auparavant.

À présent, ô lecteur de mon cœur, tu attends la chute ! Tu te dis qu'il y en a deux de possibles. La première : le nain s'est grave foutu de ma gueule, et j'l'attends encore ! La seconde : j'me suis réveillé le lendemain comme un con, une bouteille à la main comme tous les écrivains maudits, et j'ai eu mal à la tête pendant un mois entier. Certains ajouteraient même volontiers : cette expérience onirique n'est qu'une leçon providentielle pour qu'enfin je me décide à arrêter de boire. D'autres qui m'détestent et que j'emmerde royalement, se féliciteraient qu'après cela je me décide enfin à cesser d'écrire...

Et ben ! t'as tout faux, lecteur de mon cœur !

LE NAIN A RAPPELÉ !!! On est partis sur son île, j'ai fait une lecture devant une salle de mille toon's en chair et en os, j'ai répondu à des dizaines de questions toutes posées avec la plus grande déférence qui soit. Puis on est sorti en boîte avec le camarade Luis, et on s'est bourré la gueule ! Un regret quand même : j'me suis pas tapé la méchante Reine. Elle s'est tirée pendant la fête avec Jean d'Ormesson !...

CANICULE

Ce qui est bien quand on est vieux, c'est qu'on supporte mieux la chaleur ! Ce matin, ils ne parlent que de la canicule à la radio. Vous voulez mon avis ? Il ne fait pas si chaud que ça ! J'ai même dû enfiler une petite laine. Ensuite je me suis mis à observer les gens à travers les carreaux. La rue est pleine de jeunes types fatigués avant l'âge qui se traînent sur les trottoirs. On dirait, rien qu'en les regardant, que le monde tourne au ralenti !

L'avantage du grand beau temps comme cela, c'est qu'on peut reluquer les jeunes femmes. Les jeunes et les moins jeunes… À mon age, – soixante-quinze ans –, on est moins difficile ! Une belle paire de seins, ou deux gambettes bien bronzées, et hop… la journée est belle !

Il ne faut pas croire, vieux ou pas, la bête marche encore. La mienne en tout cas, elle marche bien !… Tout le monde s'imagine que côté bagatelle, les vieux ne sont plus bons qu'à s'échanger leurs dentiers dans les hospices, mais CE N'EST PAS VRAI ! Vieux ou pas, tout le monde peut coucher. Demandez voir aux prostituées… Certaines se spécialisent dans le troisième âge, il doit bien y avoir des raisons, non ?

Canicule donc, ils disent à la radio ! Moi la canicule, ça me connaît, j'ai fait l'Indochine et l'Algérie. Pas question de se balader à moitié nu et de prendre un verre d'eau toutes les heures à l'époque. On buvait quand on pouvait, c'est-à-dire quand on ne nous tirait pas dessus ! Quant aux fringues, on les portait, qu'on le veuille ou non, avec tout le barda… Et s'il y a eu des morts parmi mes potes, ça n'a JAMAIS été à cause d'un coup de chaleur !

Bon, cela dit, c'est vrai qu'il faut faire gaffe à mon âge. Mais il ne faut pas exagérer, j'habite au troisième d'un immeuble Avenue Secrétan à Paris. J'ai de l'ombre à partir de midi, et le matin, l'immeuble d'en face me protège du soleil. Alors ça va !… Bien sûr, il fait un peu chaud, mais j'ai toujours la bouteille avec moi, et je sais qu'il faut boire, alors je bois. Et basta !…

À les croire, dans le poste, tous les vieux vivent seuls et malheureux. Je dois être un cas à part ! D'abord, chaque week-end, mon petit-fils vient me rendre visite. Il s'appelle Simon, il est écrivain, et… catholique. On n'arrête pas de s'engueuler à cause de ça. J'ai beau lui répéter que je suis juif, que sa mère est juive, et que par conséquent, qu'il le veuille ou non, il est juif et qu'il le restera toute sa vie… il ne veut rien entendre ! Il a choisi, dit-il, la religion de son père. Alors, je l'asticote en lui répétant sans cesse que c'est aux dépens de la religion de SES PAIRS, et qu'il n'en a pas le droit ! Lui, du haut de ses quarante ans, il me dit *d'aller me faire foutre !…* Chaque dimanche, après sa messe, je le force à entendre les commentaires des sages sur la *Thora*. Il fait semblant de ne pas écouter, puis il contredit chaque verset, chaque mot !… Et on se chamaille, et personne ne cède, et il redevient juif sans s'en apercevoir… Hé, hé !… S'il n'aimait pas ça, il ne reviendrait pas... pas vrai ?

Il ne faut pas croire, mais ça me prend des journées entières de chercher les versets sur lesquels je vais le faire plancher. Mes bouquins sont empilés sur la table en permanence, du lundi au samedi, et je ne fais place nette que le dimanche matin, en attendant sa visite. Bref, je suis très occupé !

Et puis, il y a Baruch et Salomon, mes chats. Deux mâles paisibles et magnifiques qui apportent douceur et affection à mes vieux jours. Ils aiment jouer ensemble, ou avec moi, et chaque fois que je récite le *Pereq Chirah*, ils viennent sagement s'asseoir à mes pieds afin de rendre hommage au Créateur.

Enfin, il y a mes souvenirs… Sarah, ma douce, ma bien-aimée, qui m'a apporté tant de bonheur et qui a tout supporté, y compris mes nombreuses infidélités. Paix à ton âme, mon Amour, et d'où tu es, continue de veiller sur ton pauvre Sammy…

Ce matin, je viens à peine de plonger dans un commentaire de *Maimonide*, quand la punaise du premier vient frapper à la porte.

— Monsieur Lévy ? C'est Madame Andrieux… Tout va bien, Monsieur Lévy ? Monsieur Lévy ?

Je ne réponds pas. Qu'est-ce que ça peut bien lui faire de savoir si je vais bien ou mal, à cette sorcière. Au plus profond d'elle-même, elle n'en a rien à faire. Jamais elle ne dit bonjour, jamais un sourire… Non, elle veut juste se rendre indispensable au pauvre petit monde qui l'entoure. Montrer qu'elle est une citoyenne formidable…

On la voit partout. Toujours en train de cancaner avec toutes les commères du quartier, et tous les matins elle se rend à l'église pour rendre hommage… à Monsieur le curé.

« Regardez donc comme je suis une femme formidable, une bonne chrétienne, une bonne mère de famille, etc. » Je ne la supporte pas !

Elle a entendu dans le poste qu'il fallait s'occuper des vieux, vérifier qu'ils s'alimentent correctement, alors hop, la voilà investie d'une nouvelle mission : s'occuper du vieux du troisième !...

— Monsieur Lévy ? C'EST MADAME ANDRIEUX... JE VIENS VOIR SI TOUT VA BIEN !...

Elle vient surtout hurler à ma porte pour que tout le monde sache qu'elle est en train de faire sa bonne action de la journée ! Mais tu peux toujours crier ma cocotte, je ne répondrai pas. La lecture de *Maimonide* est certainement plus intéressante que ton volubile verbiage de dame patronnesse frigide. Calme plat durant dix minutes, elle est sans doute partie enquiquiner quelqu'un d'autre...

Je me replonge dans mes bouquins pendant une heure ou deux, puis je vais me faire chauffer de l'eau pour le thé. Ils me font bien rigoler tous ces abrutis qui boivent des boissons fraîches pleines de sucre pour lutter contre la chaleur. Quand il fait chaud, ce sont les boissons chaudes qui désaltèrent le plus. Ou le citron, mais sans sucre bien sûr !

L'eau est en train de bouillir quand on frappe de nouveau à la porte.

— Monsieur Lévy ? Monsieur Lévy ? Nous sommes envoyés par les services sociaux, on nous a informé que vous n'alliez pas bien. MONSIEUR LÉVY ?

Ce n'est pas vrai !... La mère Andrieux, c'est la onzième plaie d'Egypte, pire que les sauterelles ou les grenouilles... Je me poste derrière la porte, bien décidé à ne pas ouvrir. Les services sociaux !!!... Incroyable !!! Des tas de SDF, dans les rues de Paris, sont en danger de mort, et ils viennent me gonfler, moi, qui vais très bien et qui n'a rien demandé à personne !...

— FOUTEZ-MOI LE CAMP !!! je crie.

— Monsieur Lévy, on ne veut pas vous déranger, on vient juste s'assurer que tout va bien et que vous vous portez bien. Ouvrez-nous s'il vous plaît !...

— Je vais très bien, vous me dérangez, et je n'ouvrirai pas... C'est clair ? FOUTEZ LE CAMP, maintenant !

— Monsieur Lévy, on ne peut pas partir sans vous avoir vu. Nous devons constater votre état de santé, c'est notre devoir.

— ALLEZ VOUS FAIRE FOUTRE !!! Je suis chez moi, et j'ouvre à qui je veux !

— Monsieur Lévy, c'est Madame Andrieux... Vous pouvez ouvrir sans crainte, ce sont les gens des services sociaux, c'est moi qui les ai appelés. Je vous assure que vous n'avez rien à craindre...

— RIEN À CRAINDRE !!! Mais pour qui vous prenez-vous, bande de casse-couilles ? Vous croyez que vous me faites peur ? Pour la dernière fois : FOUTEZ LE CAMP DE CHEZ MOI !!!

— Je regrette Monsieur Lévy, mais c'est impossible. La façon dont vous vous comportez témoigne de votre mauvais état de santé dû à la chaleur. Vous êtes dans un état de grande agitation et nous ne pouvons pas partir avant de vous avoir aidé.

Là, c'en est trop ! Je décroche ma carabine. C'est une arme de collection qui trône sur ma cheminée. Elle n'est jamais chargée, bien entendu. Mais ces greluches ne peuvent pas le savoir. J'ouvre la porte, et je pointe le canon sur elles. Hé hé, vous verriez le tableau : cavalcade dans les escaliers accompagnée de cris d'hystérie, les deux casses burnes dévalent les marches comme si elles avaient le diable aux trousses !...

Je referme la porte, et raccroche ma carabine. Puis je vais boire mon thé, assis confortablement dans mon fauteuil. Je suis furieux !... Mais je tente de me calmer. Rabbi Nachman de Breslau enseignait de ne jamais se mettre en colère, afin de ne pas briser son monde intérieur. Le monde extérieur ne mérite pas une telle dévastation...

— Monsieur Lévy ? Monsieur Lévy, c'est la police. Ouvrez s'il vous plait !...

Quoi ? Mais ça n'en finira donc jamais... D'abord la punaise, puis les inutiles, et maintenant les dragons du Roi. Pourquoi moi, Seigneur ? Pourquoi les laisses-tu me persécuter ainsi ?

— QU'EST-CE QUE VOUS VOULEZ ?

— Monsieur Lévy, vous avez refusé d'ouvrir aux services sociaux ; puis, après les avoir insultés, vous les avez menacé avec une arme. On nous a signalé que votre comportement était dangereux. Nous venons constater les faits.

— Il n'y a rien à constater. J'ai le droit de ne pas ouvrir aux fâcheux de cette espèce, je suis chez moi ! Maintenant, fichez-moi la paix, et retournez d'où vous venez !

— Monsieur Lévy, il va vraiment falloir que vous nous ouvriez. Sinon, nous serons obligés de défoncer votre porte.

— Pas besoin de défoncer la porte, j'arrive...

Je retourne chercher la carabine, et j'ouvre, pointant l'arme sur les flics. Ils ne bougent pas.

— Bon, vous voyez, je vais très bien. Alors du balai maintenant !

— Baissez cette arme, Monsieur Lévy. Nous allons vous demander de nous accompagner au poste.

— Pas question !

— Allons Papy, tu ne vas pas faire une connerie ?…

En disant cela, l'homme détourne le canon de mon arme et me saute dessus. Trente secondes plus tard, je me retrouve face contre terre, les mains menottées dans le dos. Comme au plus beau temps de la collaboration, je vois la mère Andrieux se pointer et dire aux policiers :

— Hein, je vous l'avais bien dit que c'était un fou dangereux. J'ai appelé le SAMU, ils seront là dans cinq minutes.

Et voilà !… Je suis maintenant attaché sur un lit d'hôpital. Les chambres ne sont pas climatisées et le soleil tape comme c'est pas possible. Il doit faire 38° dans cette saleté de chambre. Une pauvre vieille est en train de se déshydrater à côté de moi ; elle aura de la chance si elle passe la nuit. Ce n'est pas le verre d'eau qu'une infirmière – qui ressemble plus à un bouledogue qu'à une femme – lui fait boire toutes les heures, avec une indifférence totale à ses souffrances, qui la sauveront.

Quant à moi… Viens me chercher Simon… Sarah, mon Amour… Ne m'abandonnez pas ! Pas ici, pas comme ça !…

Ma voix, vers Hachém je la crierai ; ma voix vers Hachém je supplierai.

Je répandrai devant Lui ma conversation ; ma détresse devant Lui je dirai.

Quand je sens s'évanouir sur moi mon esprit, et Toi tu connais mon chemin …

MA DERNIÈRE CRÉATION

« Moi, je construis des marionnettes
Avec de la ficelle et du papier…
(chanson populaire)

Il va bientôt lui faire l'amour.

Elle l'attend, allongée, nue sur le lit, n'ayant gardé que son ridicule string rose. Il commence à déboutonner sa chemise, lentement, calmement.

Il la regarde.

Elle est franchement pas terrible ! Certainement la plus moche du groupe de pétasses qu'il a abordé dans la boîte de nuit.

Mais bon, à défaut de grives…

Il va lui faire l'amour.

Lentement, méthodiquement, professionnellement. Depuis le temps qu'il exerce, il a appris à les combler. Il s'en fait un devoir…

C'est son cadeau. Son cadeau d'adieu !

Il va la propulser au septième ciel, puis au ciel tout court. Elle va jouir, il le faut.

Ensuite, il la tuera.

Non, ça ne va pas, c'est mauvais…

Il va lui faire l'amour.
Et elle va adorer ça. Il le faut.
Il se fait un devoir de leur faire entrevoir le paradis. Comme un cadeau.
Ensuite il la tuera. Comme les autres.

Putain ! Ça va toujours pas ! Qu'est-ce qui cloche ? Je vais relire…

Non, finalement c'est pas mal… Je continue.

Il termine de se déshabiller.
Il se contemple dans la glace. Quel gâchis. Offrir un corps aussi parfait à une fille aussi quelconque…
Ses yeux se posent…

Merde, dilemme… Normalement, j'dois écrire qu'il contemple sa queue, qu'il l'admire, qu'il en est fier. C'est logique, vu qu'il est totalement taré ! En plus, c'est ce que le public attend normalement.

Ouais, mais là c'est pas des blaireaux d'un comité de lecture pour livre de poche qui vont juger. C'est un jury littéraire. Des gens qui lisent autre chose que *Brigades Mondaines*. Des intellos accros aux Goncourt… Alors, si je leur dis d'entrée que le type regarde sa queue dans la glace…

Le binz, c'est que sa queue, il la regarde !…

Il faut l'écrire…

Comment faire ?

J'm'emmerde pour rien, je crois ! Bukowski lui, il dirait que le mec regarde sa queue, il la décrirait longuement, et tout le monde trouverait ça génial !

Ouais, seulement moi, j'suis pas Bukowski ! Et si j'écris ça, tout le monde trouvera ça vulgaire, même si j'la décris pas. Y a pas à dire, la gloire, ça permet tout !…

Bon, on va faire soft et court !

Ses yeux…

Non.

Son regard se pose sur son énorme sexe dont il est si fier …

Mouais, pas mal !

Il esquisse un sourire. La nature l'avait vraiment gâté de ce côté-là… Son sexe, mais aussi le reste : son ventre plat aux abdominaux discrets, ses jambes de sportif de haut niveau, son torse presque imberbe (qu'il épilait chaque semaine)…

– Tu me fais languir chéri !… »

Elle va se taire, cette pouffe ! Elle comprend pas qu'il prend du plaisir à se contempler ainsi devant la glace ? Elle est quoi, elle ? Rien qu'une pouffe qui s'est fait piéger et qui va mourir dans pas longtemps.

Il se demande s'il ferait pas mieux de la buter tout de suite et d'la baiser après.

Non, on déroge pas à la règle. Point. Il a une éthique, Monsieur ! Il doit d'abord lui apporter l'extase, puis la buter. Après seulement, il pourra prendre son pied.

– J'ai quelque chose à te demander …

— Quoi ? (Elle était vraiment décidée à gâcher les préliminaires cette conne ...)

— On va faire l'amour et je sais même pas comment tu t'appelles ...

— Je m'appelle...

Il s'appelle... J'ai jamais été fortiche pour donner des noms à mes personnages. C'est délicat les noms, c'est important. Ça peut foutre en l'air toute une histoire... Pas question de lui donner un blaze à la con du type Oscar ou Gaston.

Franck ? C'est pas mal Franck... Ça rappelle un peu Frankenstein, ça donne un côté angoissant... Mouais, mais attention quand même à pas tomber dans la caricature, ou dans le gore... Non, pas Frank...

— Je m'appelle Fred.

Ouais, c'est bien ça, Fred. « Je m'appelle Fred », c'est la dernière réplique de *La putain respectueuse*. Le mec est obsédé par l'idée qu'il lui a donné du plaisir en la baisant, il lui demande si c'est le cas. Elle est gentille, elle répond : « oui », et lui alors, royal : « Je m'appelle Fred ! ».

Si dans le jury, ils sont cultivés, ils devraient apprécier le clin d'œil !...

— Et tu fais quoi dans la vie Fred ?

— Je suis médecin !

— Alors viens t'occuper de moi Docteur Fred, je suis malade... de toi.

— T'en fais pas mon cœur, je vais te soigner !

Il tourne enfin le regard vers elle. Elle est toujours

allongée, presque nue et offerte, telle l'agneau du sacrifice. Il s'approche doucement.

Bon, ça se précise, c'est pas mal… Maintenant, il faut décider de quelle manière il va la buter ! Il faut que ce soit inattendu, mais suffisamment crédible. Pas question de décrire un meurtre déjà vu quelque part. Pas de pic à glace, c'est du Verhoeven réchauffé ! Pas de poignard, pas de rasoir non plus…

C'est la première fois que j'décris un meurtre. Pas simple… J'vais relire et fumer une clope…

Putain, j'ai pas d'idée… Faut que je m'fasse aider.

— Allo Fred, c'est Simon, j'te dérange ?

— Qu'est-ce qui t'arrive ?

— J'suis en train de bosser sur une nouvelle et j'ai un pépin…

— Putain Simon, tu sais l'heure qu'il est ? Trois heures du mat' et tu me réveilles pour tes conneries… Je bosse, moi, demain !

— Fred, si tu devais tuer ta femme, comment qu'tu f'rais ?

— Hein ? Mais t'es vraiment un grand malade toi… Va te faire foutre ! »

Et voilà, chaque fois que j'ai besoin d'aide !…

Merde, je peux pas l'appeler Fred l'autre taré. Si mon frère lit ça, il va me faire la gueule pendant six mois… Exit Fred !

Merde, ça m'arrange pas ! Faut lui retrouver un nom à ce nase. Fait chier…

Comment il s'appelle mon connard de voisin déjà, celui qui se gare tout le temps sur ma place de parking ?

Stéphane. Mouais ! c'est pas un nom de tueur ça, Stéphane ! Bon, j'récupère Franck !

— *Je m'appelle Franck.*
— *Et tu fais quoi dans la vie, Franck ?*
— *Je suis médecin !*
— *Alors viens t'occuper de moi Docteur Franck, je suis malade… de toi.*
— *T'en fais pas mon cœur, je vais te soigner !*

Ouais, c'est pas mal, finalement… Va pour Fr...

C'est quoi ce bordel dans les escaliers ? Encore un des gosses qui arrive pas à dormir ? C'est pas vrai… Mais quand qu'je pourrai bosser en paix ?

— *Veux-tu retourner te cou…*
— *Bonsoir Simon.*
— *Qu… qui êtes-vous ?*
— *Je m'appelle Franck… Ou Fred, ou Stéphane… je sais plus trop. Il faudrait que tu te décides.*

Putain, j'ai des hallucinations maintenant…

Non, c'est pas une hallucination. J'ai beau cligner des yeux, il est toujours là…

— Qu'est-ce que tu fous là, toi ?
— Je sais pas… Tu m'as laissé en plan avec l'autre pétasse… Alors je suis venu t'aider à terminer l'histoire.
— Mais c'est n'importe quoi ! T'existes pas ! T'es …
— Je suis ta dernière création. Et je suis venu te dire que j'en ai marre que tu me traites comme une merde.

— Qu'est-ce tu racontes ?

— Je veux bien être un tueur, un pervers, un sadique, tout ce que tu voudras… Mais la fille que tu veux me faire baiser, c't'une horreur. Alors tu changes le début de l'histoire !…

— Changer le début de l'histoire ! Rien que ça ?

— Attends Simon, tu ne peux pas me faire ça ! C'est un tas, cette fille… En plus, elle porte un string rose, non mais t'imagines ! Tu me mets vite fait une super blonde, genre Sharon Stone, et ça marche ! Sinon…

— Sinon quoi, espèce de trou du cul ? Je vais t'expliquer la vie, moi ! T'es rien d'autre qu'une créature débile sortie tout droit de mon cerveau génial. Juste une marionnette qu'a besoin d'un mec comme moi pour tenir la ficelle ! Rien de plus… Alors tu retournes dans l'histoire et tu me lâches la grappe ! J'suis vidé, ce soir… J'ai recommencé plusieurs fois c'te putain de scène de meurtre, et j'm'en sors pas. J'ai pas besoin qu'en plus, un gusse de l'histoire vienne me fourguer sa version… On va où là ? Tant qu't'y es, tu veux pas créer un syndicat des marionnettes ?

— Tu as perdu les pédales Simon ! Tu n'es plus dans le jeu… Laisse tomber, je vais terminer cette histoire moi-même.

— Tu vas quoi ? »

Franck sort son flingue et tire, deux fois.

Simon sent un incendie lui déchirer la poitrine et écarquille les yeux. Il s'affale dans son fauteuil comme un pantin désarticulé.

Calmement, Franck range son arme. Il se penche sur le clavier de l'ordinateur, et termine l'histoire. Il lance le correcteur d'orthographe, puis imprime la nouvelle.

Ensuite, lentement, il se dématérialise…

Quelque part, dans un univers lointain, une jeune femme commence à se rhabiller en pestant contre le salaud qui l'a laissé en plan.

Les hommes sont tous des enfoirés, ils ne tiennent jamais leurs promesses !

LA RAISON PURE

Le médical ment
Tout en prescrivant
Ses médicaments,
Ses maudits calmants
Car la came isole de force.

Chaton perdu sans collier,
Les pieds froids sur le carrelage nu,
Elle est seule et effrayée
Dans sa camisole de force.

Quant à moi,
Guerrier sans âme et désarmé,
Je reste seul.
Seul avec ma raison
Devenue inutile
Dans ce monde d'enculés.

ÉPILOGUE ?

Vous avez tous crus que j'étais mort n'est-ce pas ? Rassurez-vous, moi aussi…

Quand Franck a tiré, j'ai pas entendu la détonation. J'ai juste ressenti une violente brûlure au milieu de la poitrine. L'impression d'étouffer, d'manquer d'air, la tête qui s'est mise à tourner, et puis… plus rien !

Lorsque je reprends connaissance, je vois un ange ! Une petite brune avec de grands yeux noirs est penchée sur moi. Elle porte une blouse d'externe.

— Je vous aime, je murmure.

C'était vrai… Va savoir pourquoi. Va savoir ce qui me prend. J'viens d'frôler la mort, et la seule chose que j'trouve à dire au bébé médecin qui s'occupe de moi, c'est ça. Trois petits mots complètement galvaudés depuis des lustres pour avoir été prononcés tant de fois par des types qui n'y croient pas.

— Chut ! répond mon ange.

— Quel est votre nom ?

— Marie. Je m'appelle Marie. Mais restez tranquille, vous devez vous reposer.

— Qu'est-ce qui m'est arrivé ?

— Rien de bien grave… Mais vous avez eu de la chance. Il va falloir vous soigner maintenant…

— J'veux pas de piqûre…

— Chut, Monsieur Brodsky. Restez calme, tout va bien !

— Appelez-moi Simon !

— D'accord, Simon. À présent, vous allez dormir un peu ! Et ensuite vous verrez le médecin.

— Pas question. J'veux plus voir que vous. Vous êtes mon médecin maintenant…

— Je reviendrai vous voir, c'est promis.

— Marie, pourriez-vous prévenir mon grand-père, s'il vous plaît ! Il s'appelle Lévy. Sammy Lévy. Son numéro est enregistré sur mon portable.

— Je m'en occupe… Allez reposez-vous !

— J'peux vous embrasser ?

— Chut, à tout à l'heure !…

L'hosto, c'est monstrueux.

Une infirmière vient me faire une prise de sang. Elle est moche et pas aimable. J'sens rien, mais j'crie quand même en lui disant qu'elle me fait mal. J'espère éveiller chez elle un peu de pitié, un peu d'intérêt. Que dalle !…

Dans le lit à côté, y a un type qui n'arrête pas de gémir. J'sonne pour qu'on vienne s'occuper de lui. La même infirmière se pointe et me dit que c'est normal qu'il gémisse, qu'il n'y a pas à s'en faire. J'lui fais remarquer que j'suis censé me reposer et qu'avec ses gémissements c'est mal barré. Elle me répond que c'est comme ça, et elle se tire.

Enfin le médecin passe. Il est accompagné d'une flopée d'étudiants qui le regardent comme si c'était Dieu en personne ! Il se pointe devant mon lit et commence à disserter sur mon cas en demandant à ses disciples ce qu'ils en pensent. Ils échangent quelques propos techniques auxquels j'comprends que dalle, puis se tirent sans même me jeter un regard. En fait, j'me sens redevenu un excrément comme à l'époque où j'me faisais sortir des cafés à Enghien.

Je finis par m'endormir, et là je fais des cauchemars où j'vois Gros Nez (l'enfoiré qui a fait interner Viviane) avec un entonnoir sur la tête et une tronçonneuse à la main me dire que tout va bien, et qu'il va s'occuper de moi.

Marie ne reviendra que le lendemain matin.

— Vous m'avez abandonné hier. Vous m'avez laissé entre les mains d'une bande de sadiques !

— Allons Monsieur Brodsky, vous exagérez. Les gens du service sont super compétents.

— L'infirmière est une nazie et le chef de service se prend pour Dieu le père !

— C'est amusant ce que vous me dites là !

— Ah bon ? C'est pourtant vrai…

— C'est au mot près ce que m'a raconté votre grand-père.

— Hein ? Pourquoi Sammy vous aurait dit un truc pareil ?

— Parce qu'il est deux étages au-dessus !

— Quoi ? Qu'est-ce qu'il a ? Il faut…

— Rien du tout… Il va très bien !

— À vous entendre Marie, il n'y a que des gens qui vont très bien dans les hôpitaux.

— Non… Mais votre grand père a fait une bêtise.

— Ça c'est déjà plus vraisemblable ! Qu'est-ce qu'il a fait ?

— Une voisine s'inquiétait pour lui, à cause de la canicule. Il a refusé de lui ouvrir la porte, à elle, et aux services sociaux. Il a dû prendre un coup de chaleur, il les a mis en joue avec son fusil.

— Sa vieille pétoire de collection ! Il pourrait même pas tirer un pigeon avec ça !

— Ben oui... Seulement, la police n'a pas apprécié la plaisanterie. Ils l'ont amené ici, et je pense que vu son comportement, vous serez dehors avant lui !

— Quel comportement ?

— Il n'arrête pas de faire enrager les infirmières et le médecin. Sa dernière trouvaille, c'est de prétendre fumer dans sa chambre.

— Mais... Il fume pas !...

— Ben si, apparemment.

— Pourquoi il sort pas pour fumer ?

— Il dit qu'il ne peut pas sortir sans sa kippa, et que lorsqu'on l'a amené de force à l'hôpital, il a perdu la sienne. Il envisage de porter plainte.

— Contre qui ?

— Contre la police et contre sa voisine.

— La mère Andrieux ?

— Il n'a pas précisé le nom... Il a dit : « La sorcière ».

— J'confirme... Il s'agit bien de la mère Andrieux.

— Il a l'air de bien vous aimer...

— Mouais... Il est tellement chiant que j'suis tout ce qu'il lui reste de famille !

— Il n'est pas chiant... Il a un côté « petit garçon », c'est adorable...

— Sammy a soixante-quinze ans, et ça fait quarante ans qu'il nous fait sa crise d'ado... Mais bon, vous avez raison, il est adorable, au fond... Tout au fond !

— Il m'a dit que vous étiez un grand écrivain. Il vous admire, vous savez…

— Sammy…

— Vous écrivez quoi ?

— Demandez donc aux tiroirs de ma commode !

— Je peux vous demander quelque chose ?

— Tout ce que vous voudrez Marie, j'suis votre esclave…

— Moi aussi j'essaie d'écrire. Mais personne ne m'a jamais dit franchement ce que cela valait.

— Apportez-moi ça !

— Vous promettez d'être sincère ?

— Vous promettez de revenir tous les jours ?

Marie m'apporte ses écrits.

J'commence donc la lecture sans trop d'illusions. Décidé à faire preuve de la mauvaise foi la plus démesurée pour lui plaire.

Et j'ai un choc…

Le style de Marie est d'une absolue simplicité, presque enfantin. En même temps, chaque mot est à sa juste place, et le texte qui se déroule sous mes yeux opère comme une douce symphonie. Rien qu'ça suffit à lui valoir les éloges les plus vibrants de mon impitoyable critique. Je n'supporte pas les histoires gnangnan, mais Marie aurait pu raconter qu'elle sortait promener son chien ou qu'elle emportait un magazine pour lire aux cabinets, son style aurait donné de l'intérêt à son histoire.

Mais ce qui rend le tout absolument incroyable, c'est que ce style si doux, si parfait, est au service d'histoires d'une noirceur insoutenable. Imaginez un môme de cinq ans qui vous raconte avec des yeux pleins d'innocence et des mots pleins de poésie comment il a vu brûler toute sa famille dans l'incendie qui vient de ravager sa maison !... Voilà, vous avez un aperçu de c'que Marie est capable d'écrire.

J'lui ai dit qu'j'étais amoureux d'elle. Mais maintenant, ça devient beaucoup plus grave. J'suis perdu, damné, je lui appartiens !...

— C'est formidable ce que vous avez écrit Marie !
— J'avais peur d'entendre ça... Vous êtes gentil...
— Ah non !!! Si y a bien un adjectif que j'refuse qu'on me colle, c'est bien celui d'gentil ! Vous voulez ruiner ma réputation ou quoi ? »
Marie sourit.
— Qu'est-ce qui vous fait sourire ?
— En fait, vous ressemblez tellement à votre grand-père...
— Il a soixante-quinze ans, il est trop vieux pour vous...
— Et vous, vous n'êtes pas trop vieux sans doute ?...
— Nous avons la même différence d'âge que Dante et Béatrice.
— Leur amour était platonique...
— Que le Chevalier de Lagardère et Aurore de Nevers... Mais trêve de plaisanterie, Marie... Vous écrivez vraiment très bien.
— On parlera de ça une autre fois... J'ai des nouvelles plus graves !
— Sammy ?
— Il va bien... Mais la voisine et les services sociaux ont porté plainte contre lui, et la police va venir l'interroger

demain après midi. Voulez-vous que je le prévienne, ou voulez-vous le faire vous-même ?

On arrivait au bout du bout de la connerie. Et surtout, on s'en prenait à ma famille !

Je réfléchis à toute vitesse :

— On va faire mieux qu'ça… Marie, j'vous emmène en vacances !

— Hein ? Qu'est-ce que…

— Faites-moi confiance, s'il vous plaît, et passez-moi mon portable !…

J'compose alors un numéro magique. Après tout, puisqu'ils me l'ont proposé…

— Allo, Archibald Donner ?

— Lui-même.

— Salut Archie, c'est Simon, comment tu vas ?

— Très bien, et toi ? On te voit quand ?

— Demain si tu veux… J'ai l'honneur de demander l'asile politique à ton gouvernement !

Qu'est-ce que vous auriez fait à ma place ?

J'peux quand même pas laisser Sammy prisonnier dans cet hosto. Et une autre chose est certaine, il est pas question que j'parte sans Marie !

Tout cela doit te sembler bien étrange, lecteur de mon cœur ! Tu te dis encore une fois que j'suis en train de t'mener en bateau.

Tu ne crois pas si bien dire !…

ET LE SINGE DEVINT DIEU !

J'ai toujours eu du mal avec l'idée de devenir un homme. En fait, je me sens beaucoup plus proche des singes que de mes frères humains.

Le singe imite l'homme. Il peut apprendre à compter, à s'habiller, à mettre un chapeau, un nœud pap'... Et lorsqu'on lui demande d'exécuter des tours, il les exécute, pour peu qu'on le récompense avec une banane. Mais si sa femelle, ou ses petits viennent à être menacés, le singe regagne son arbre, et retourne protéger les siens.

En fait, nous sommes tous des singes. On nous apprend dès l'enfance à obéir à certaines règles qui permettent aux puissants de l'être chaque jour un peu plus. À mettre une cravate, à bien exécuter les tours dont notre patron a besoin, et on nous offre des bananes en récompense.

Cela dit, la plupart d'entre nous n'ont plus conscience d'être des singes, et continuent à obéir même lorsque des événements plus graves surviennent. Ainsi voit-on nombre de pauvres macaques perdre leur femme, laisser leurs enfants à l'abandon, oublier leurs parents dans des asiles de vieux, simplement pour continuer de recevoir encore et toujours plus de bananes. Ces singes qui n'en sont plus, sont devenus des hommes.

Pour ma part, je dois avouer que je fais assez bien l'homme. Je me lave presque tous les jours, je sais faire semblant de m'intéresser à mon métier, et je suis même capable d'afficher en public quelques ambitions respectables.

Mais la réalité est tout autre ! Les seules pensées qui me préoccupent vont à ma femme, à mes gosses et à mon chien. Et les seuls êtres ayant de l'importance en dehors d'eux, sont des membres de ma famille ou quelques singes ayant conscience de ce qu'ils sont vraiment.

Lorsque j'ai expliqué cela à mon psychanalyste, il a d'abord gratté son imposant poitrail, puis il a ri en se tapant le cul par terre. Enfin, il m'a posé la question :

— Mais alors, pourquoi écrivez-vous ?

— Pour devenir Dieu, ai-je répondu.

— C'est-à-dire ?

— Au commencement était le Verbe, et par Lui, tout a été fait. Donc, abracadabra, je crée par le pouvoir des mots, et ainsi, et seulement ainsi, je peux dépasser ma condition de singe.

À cette heure, je suis toujours en liberté.

J'ai donc laissé Simon prendre son bateau, avec Marie et Sammy. Je les ai confié à Ishmaël qui a quitté le port en me faisant un dernier signe de la main. Et puis, j'ai fait *tsimtsoum*...

Faire *tsimtsoum*, est le première étape fondamentale de la Création. C'est le moment ou le Créateur se retire de lui-même en lui-même, se retranchant ainsi dans un exil volontaire. C'était la seule façon d'offrir à mes protégés la liberté dont ils avaient besoin désormais, pour vivre leur vie par eux-même.

Sammy vous aurait expliqué ça mieux que moi,

puisqu'il s'agit d'une approche religieuse de la Création due au Judaïsme.

Est-ce à dire que je les abandonne définitivement à leur destinée ?

Bien sûr que non !

Simon, comme vous l'aurez sans doute deviné, est une grosse part de moi-même. Marie également, et elle est à cet instant en face de moi, en train d'écrire son roman, puisque je l'ai convaincue de ne pas laisser son talent en sommeil.

Quant à Sammy... C'est beaucoup plus compliqué.

Je n'ai jamais eu de grand-père juif. Mais j'ai eu la chance d'avoir deux grands-pères qui savaient être des enfants lorsqu'ils parlaient à des enfants. Et l'un d'eux était un fantastique raconteur d'histoires...

D'autre part, qui sont les juifs, sinon les parents des chrétiens et les grands parents des catholiques d'aujourd'hui? D'où la naissance de Sammy, qui est un môme de soixante-quinze ans, qui raconte des histoires formidables, et qu'on ne peut s'empêcher d'aimer même lorsqu'il nous prend la tête avec sa sublime mauvaise foi.

D'autres personnages enfin peuplent ce recueil de nouvelles. Jerry le tueur repenti qui peut être n'importe lequel d'entre nous, et le père Couffin que j'ai réellement rencontré et qui m'a fait tant de bien. Antoine, *Tony Montana* est un odieux petit con, mais il représente notre mauvaise conscience (la mienne en tout cas) devant tous ces mômes de banlieue ou d'ailleurs qu'on laisse à l'abandon, sans avenir ni projets, et qu'on voudrait voir disparaître. Ils ne disparaîtront pas, hélas, tant qu'on les enfermera dans des lieux de non-vie, tant qu'on marginalisera une moitié entière de notre population au nom du confort de l'autre moitié.

Un autre éclat enfin, parle de Charles X, un roi bien décrié dans nos manuels d'Histoire. Il ne fut pas parfait, loin s'en faut. Mais l'homme est attachant, et à l'instar d'autres personnages célèbres comme Néron ou Catherine de Médicis, il valait beaucoup mieux que ce que les vainqueurs de l'Histoire ont pu écrire sur lui.

Une dernière chose, troublante...

Quelques temps après avoir écrit « Comment je suis devenu célèbre », j'ai reçu un mail de la part d'un éditeur qui se proposait d'éditer l'ensemble de mes textes. Il habitait loin de toute civilisation et sa maison d'édition se voulait différente de toutes celles existantes jusqu'à présent.

Comme Simon, je me suis longtemps posé la question de savoir si tout cela était bien vrai, si je n'avais pas consommé (par mégarde, bien sûr !) quelque substance hallucinogène, ou si je n'allais me réveiller avec la gueule de bois du siècle.

Et comme Simon, j'ai dit OUI !

La seule question que je me pose à l'heure actuelle, c'est : « Qui est l'alcoolique en train d'écrire ma propre histoire sur son clavier d'ordinateur ? » Et puis surtout : « Comment cela va-t-il se terminer » ?

TABLE

Achevé d'imprimer
en janvier 2011
par **Ouestélio**,
Brest, France.

Exemplaire N°

....